Autoliderança
Uma jornada espiritual

ROBSON SANTARÉM

Autoliderança
Uma jornada espiritual

Para maior consciência
na gestão **com** pessoas

Prefácio de Monja Coen

3ª edição
Editora Senac Rio – Rio de Janeiro – 2022

Autoliderança: uma jornada espiritual – para maior consciência na gestão com pessoas ©
Robson Santarém, 2007.

Direitos desta edição reservados ao Serviço Nacional de Aprendizagem Comercial – Administração Regional do Rio de Janeiro.

Vedada, nos termos da lei, a reprodução total ou parcial deste livro.

Senac RJ

Presidente do Conselho Regional
Antonio Florencio de Queiroz Junior

Diretor Regional
Sergio Arthur Ribeiro da Silva

Diretor de Operações Compartilhadas
Pedro Paulo Vieira de Mello Teixeira

Diretor de Educação Profissional Interino
Claudio Tangari

Editora Senac Rio
Rua Pompeu Loureiro, 45/11º andar
Copacabana – Rio de Janeiro
CEP: 22061-000 – RJ
comercial.editora@rj.senac.br
editora@rj.senac.br
www.rj.senac.br/editora

Editora
Daniele Paraiso

Produção editorial
Cláudia Amorim (coordenação), Manuela Soares (prospecção), Andréa Regina Almeida, Gypsi Canetti e Michele Paiva (copidesque e revisão), Priscila Barboza, Roberta Silva e Vinícius Silva (design)

Revisão
Clara Diament

Impressão: Imos Gráfica e Editora Ltda.
3ª edição: agosto de 2022

CIP-BRASIL. CATALOGAÇÃO NA PUBLICAÇÃO
SINDICATO NACIONAL DOS EDITORES DE LIVROS, RJ

S224a
3. ed.

    Santarém, Robson
    Autoliderança : uma jornada espiritual para maior consciência na gestão com pessoas / Robson Santarém. - 3. ed. - Rio de Janeiro : Senac Rio, 2022.
        168 p. ; 21 cm.

    ISBN 978-65-86493-55-9

    1. Liderança. 2. Autogerenciamento (Psicologia). 3. Administração de pessoal. 4. Sucesso nos negócios. I. Título.

22-77407
                              CDD: 650.1
                              CDU: 658.3:159.947

Gabriela Faray Ferreira Lopes - Bibliotecária - CRB-7/6643

Para Francisco Gaudard Neto e
Sebastiana Panisset Gaudard –
vovô Chico e vovó Pomposa –,
que viveram franciscanamente e
me deixaram a fé como herança.

Nós não somos os criadores de nossas ideias,
mas apenas seus porta-vozes; são elas que nos dão forma...
cada um de nós carrega a tocha que,
no fim do caminho, outro levará.

C. G. JUNG

Comece fazendo o que é necessário,
depois o que é possível, e, de repente,
você estará fazendo o impossível.

SÃO FRANCISCO DE ASSIS

Os novos líderes serão pessoas de visão,
capazes de inspirar os outros a fazer parte dessa visão.
Não vão se basear na retórica ou na manipulação para recrutar
outras pessoas para juntar-se a eles; vão atraí-las como um ímã. Esses novos
líderes não vão acompanhar tendências, nem seguir a moda; vão, isto sim,
abrir novos caminhos, construindo o futuro em colaboração com outros
homens e mulheres que pensem da mesma forma.

JOHN RENESCH

Sumário

Prefácio da 3ª edição	11
Prefácio da 1ª edição	15
Apresentação da 1ª edição	19
Agradecimentos	23
Introdução	25
Contextualizando	29
Capítulo 1 – Liderança consciente: um processo evolutivo	35
Capítulo 2 – Tornar-se humano: uma vocação?	53
Capítulo 3 – Inconsciente coletivo e arquétipos	65
Persona: atores inconscientes e inconsequentes	73
O desnudar-se da Persona	80
Sombra: o portal da transformação	86
A integração da sombra	90
Anima: a força do feminino	95
O encontro com a Anima	101
Puer: a energia impulsora	104
Tornar-se criança	107
Senex: a sabedoria da vida	112
O líder sábio	115
Self: o ápice	120
A grande experiência	123
Capítulo 4 – A jornada do herói	129
Considerações finais – Agora, a nossa missão	145
Referências bibliográficas	153
Anexo – Uma oração nascida na jornada	159

Prefácio
da 3ª edição

Estudar o Caminho de Buda
É estudar o Eu
Estudar o Eu
É esquecer-se do eu
Esquecer-se do eu
É despertar a tudo que existe
É abandonar corpo-mente
De si e de todos
Nenhum sinal de iluminação permanece
Esse despertar é colocado à disposição de todos os seres.

MESTRE EIHEI DOGEN DAIOSHO ZENJI

Autoliderança tem a ver com autoconhecimento e discernimento correto. Fazer escolhas adequadas – não para satisfazer as necessidades do chamado sucesso, fama, poder, mas para encontrar um estado de equilíbrio e plenitude pessoal e social. Somos afetados pelos grupos com os quais convivemos e afetamos esses grupos. É uma via dupla.

Quem percebe sua capacidade e tem a habilidade de transformar situações e maneiras de ser e pensar de uma empresa, de um grupo de pessoas, assume a liderança. Assumir a liderança é tornar-se responsável pela vida. Como foi, como é e como pode ser. A vida do planeta. A vida pessoal e coletiva. É impossível dissociá-la.

Você é feliz? O que você faz é satisfatório? Você tem disponibilidade e tempo para não fazer nada, para brincar com crianças, conversar com pessoas que não trarão lucro financeiro, nem posições sociais, mas que podem fazê-lo pensar diferente? Ver o mundo por vários ângulos antes de tomar uma decisão?

O modo como você vive está melhorando as condições de vida para o maior número de seres? Ou você acredita que está separado de alguém ou de alguma forma de vida?

É tempo de despertar, de expandir a consciência humana, de sair do casulo e voar livremente. Liberdade é responsabilidade.

Acabou a era dos heróis e heroínas. Esta é a era dos times, dos grupos, das pessoas capazes de cooperar e colaborar umas com as outras.

O monge vietnamita Thich Nath Hanh afirma, com sabedoria, que não haverá um novo Buda, mas, sim, uma Sanga, uma comunidade de praticantes com os mesmos propósitos e hábitos capazes de transformar a vida na Terra.

O momento chegou. Precisamos unir nossos esforços e objetivos. Podemos reverter e restaurar relacionamentos e situações que afetam a todos nós: mudanças climáticas, aquecimento global, egoísmo, egocentrismo, lutas por poder e por ganho, guerras, abusos, racismo, preconceitos. Podemos restaurar o equilíbrio, reencontrar o ponto axial da vida e girar a roda da existência para o bem coletivo. É possível.

Para atingir esse objetivo, precisamos nos esforçar, e o esforço depende das virtudes: resiliência, prudência, habilidade de perceber os acontecimentos antes que aconteçam e manter o discernimento correto.

A visão profética não é apenas de destruição e morte, desaparecimento da espécie humana e das condições de vida humana na Terra. Podemos profetizar novas lideranças e a renovação de valores éticos; basta usar a inteligência e o coração em harmonia com o todo.

Será que estamos adentrando uma segunda era axial? A primeira ocorreu entre os séculos VIII a. C. e II a. C., quando surgiram pensadores, filósofos, questionadores em diferentes partes do planeta: na Grécia, filósofos como Platão; no judaísmo, a sucessão rabínica e profética;

Prefácio da 3ª edição

na Pérsia o zoroastrismo; na China, o confucionismo e o taoísmo; na Índia, o bramanismo e o budismo. São pensadores que nunca se encontraram nem souberam uns dos outros, mas que desenvolveram a capacidade de pensar. Percebemos a nossa e questionamos as deidades e os valores estabelecidos. Era axial significa um intervalo grande de tempo, durante o qual acontecem transformações no eixo da mente humana, no sentido que damos à existência e no sentido que podemos dar. Reflexões de pontos de vista diferentes, pessoas questionando e investigando a verdade: o que é real e o que é falso. Será que não estamos chegando a uma segunda era axial, momento histórico de transformação das reflexões humanas e do sentido que podemos dar à vida?

Leonardo Boff afirma que há um velho mundo agonizando e que o novo ainda não nasceu. Estamos vivendo uma época de transições profundas na maneira de ser. A modernidade líquida, como Bauman definiu, está acontecendo há anos: relações fluidas. Há quem anseie por uma estabilidade inexistente, o que causa insatisfações e confusão.

Buda, há 2.600 anos, dizia: "Não há nada seguro neste mundo." Sim, tudo está em um processo incessante de transformação e mudança. Sem um só instante de pausa. Somos a vida do planeta que se move, que gira, que nunca volta atrás, que segue uma espiral ascendente, com todo o sistema solar. Como humanidade, nossas mudanças de comportamento também são em forma de espiral, nunca em linha reta.

O autoconhecimento não se limita à nossa história pessoal. Expanda esse autoconhecimento para desvendar a essência do ser humano, da mente humana. Há uma grande procura por prazeres sensoriais, que são insaciáveis. O que é satisfação humana? O que é felicidade?

No Butão não se trabalha e se produz para ter um maior PIB, mas um melhor FIB (Felicidade Interna Bruta). Mesmo assim, há jovens butaneses que se encantam com o Ocidente e saem à procura de refrigerantes, músicas ocidentais e relações superficiais. Alguns ficam no Ocidente.

Outros retornam ao Butão para apreciar a beleza nas coisas simples. É um país pequeno, agrícola, que vive da venda de energia e de arroz. Montanhas, neve, águas verdes, tradições permeadas pelo pensamento budista de que podemos encontrar satisfação no compartilhamento e na cooperação. Um dos símbolos em pinturas e desenhos é de quatro animais diferentes, que trabalham juntos para o bem comum, um sobre o outro: elefante, macaco, pássaro e coelho.

Simbólico do valor da diversidade e do trabalho coletivo por meio da cooperação e do respeito. Assim é a proposta de Robson Santarém. O nascimento de novas lideranças, de novas formas de viver, trabalhar, produzir e ser feliz. Com alegria, li trechos de sua obra e me encantei. Honra-me poder colocar algumas palavras de incentivo à leitura e à reflexão das proposições deste livro, pois creio que sejam alicerces para uma cultura de paz, justiça e cura.

A dualidade entre o eu e o outro, entre o ser humano e a natureza, entre o bem e o mal é um estado alterado de consciência. O estado natural é de harmonia e tranquilidade.

Mãos em prece.

Monja Coen

da 1ª edição

> Quem conhece a sua ignorância
> revela a mais profunda sapiência.
> Quem ignora a sua ignorância
> vive na mais profunda ilusão.
>
> **LAO-TSÉ**

Apresentar, comentar sobre pessoas especiais, é um encanto paradoxal. São tantos os quesitos, os meandros do ser, que me pergunto: por onde começar?

A obra sempre se mistura com seu criador; somos uma unidade dinâmica, em que o texto revela o autor. Creio que Robson Santarém revela-se, o tempo todo, na sensibilidade com que descreve os processos vividos por Francisco de Assis, exemplificando uma forma de liderança e a individuação. Administrador e empresário na área de recursos humanos, com especialização em Psicologia Junguiana, seu currículo nos possibilita antever inúmeras potencialidades. Capta e define pessoas como seres humanos especiais; e, se assim o faz, é porque assim é ele próprio.

Como aluno de especialização em Psicologia Analítica, tinha sempre os olhos atentos e questionadores. Recordo-me de um querido professor de filosofia que, muitas vezes, avaliava seus alunos mais pela capacidade de fazer perguntas do que de dar respostas. Foi assim com Robson – perguntava tudo. Depois me elegeu orientadora de sua monografia, visando articular o processo de individuação proposto por C. G. Jung – o desabrochar, o tornar-se o que realmente se é, o *Si-mesmo* – com as vivências de São Francisco de Assis. Um desafio aceito.

Como explicitar a realidade do processo de individuação? Como personificar uma figura individuada? Realmente, é um desafio conciliar liderança neste mundo capitalista, individualista e arrivista, onde a questão ética se escamoteia em meandros tão inatingíveis. Na contemporaneidade, vivemos o que há muito foi descrito por Jung como massificação – somos moldados, vestidos, submetidos pela mídia; somos aparências ou personas, como ele definiu, escravos do social e da avaliação alheia.

No mundo empresarial, como ser capaz de sair do esquema-padrão do ter e do *parecer ter*, consumista e arrivista, para atuar na articulação do *Ser* e do desenvolvimento humano?

Segundo Shinyashiki, o mundo corporativo virou um mundo de faz de conta, a começar pelo processo de recrutamento: o que vale é o marketing pessoal. Valoriza-se mais a autoestima que a competência, e as promoções articulam-se melhor com quem faz o jogo do poder. Vivemos uma tirania das aparências? Uma massificação e império das personas, como disse Jung, e não o desenvolvimento das próprias potencialidades? Neste mundo de loucuras da sociedade e das empresas imperam o ter sucesso, o ativismo, a dependência das convenções do mercado, estar feliz o tempo todo e comprar tudo o que puder. Enfim, total submissão ao materialismo. Conclui Shinyashiki que, na hora da morte, ninguém vai se arrepender por não ter aplicado o dinheiro em imóveis ou ações, mas, sim, de ter esperado muito tempo ou perdido várias oportunidades para dar sentido à vida.

Para Jung,

> os verdadeiros líderes da humanidade são aqueles que refletem sobre si mesmos e aliviam o peso morto das massas de seu próprio peso, mantendo-se conscientemente distantes da cega lei natural das massas em movimento.
> (Jung, X/3 § 326)

Prefácio da 1ª edição

E o compositor Raul Seixas condensa, em uma frase, toda a essência dessa questão, ao afirmar: "Tem gente que passa a vida inteira travando a inútil luta com os galhos, sem saber que é lá no tronco que está o coringa do baralho."[1]

Baseando-se em Francisco de Assis, Robson consegue explicitar qualidades humanas como intuição, compaixão, firmeza, objetividade e ternura como vitais a toda dinâmica de liderança eficaz e humanizante. Humanização que expõe nossas contradições e fragilidades, permeando a eterna busca de ser o melhor de si mesmo – ser o melhor de si, como condição de humanização, e não de barbárie e exploração do semelhante. Isso nos propôs Jung, como meta do processo de individuação; isso nos revelou Francisco de Assis em sua vida, e isso nos mostra Robson, em suas ricas articulações neste livro: liderança vivida como relação de interdependência, envolvendo toda a equipe, que vive e se transforma em conjunto. Atualmente, com os avanços da Física Quântica, sabemos o quanto vivemos em uma teia cósmica; tudo está inter-relacionado, afetamos e somos afetados em todos os nossos contatos. Daí advém a grande responsabilidade dos líderes, dos formadores de opinião.

Nas reflexões de Robson, podemos captar que há um apelo para uma mudança de mentalidade nas empresas. Seria responsabilidade das escolas e das empresas resgatar os princípios e os valores ligados à chamada *ética da responsabilidade*: cooperação, justiça, respeito, formando líderes que possam, antes de tudo, liderar a si mesmos, viver em consciência. Líderes que não estejam estrangulados pela lei de Gerson, do estilo "vale tudo". Líderes que dão certo e mobilizam mudanças em torno de si são, em essência, "seres humanos que deram certo". Nesse aspecto, Robson se articula ao pensamento de Jung, pois, se a dimensão espiritual da libido, a busca da transcendência não for conectada, não se alcança a individuação, fica-se, então, atrelado aos valores materiais, ao consumismo, às aparências e ao gozo imediato. Nossa época vive o vazio de Deus por causa da atrofia espiritual em que estamos imersos.

[1] Trecho da canção "As Aventuras de Raul Seixas na Cidade de Thor".

Por tudo isso, encontrar reflexões como as propostas pelo autor é digno de admiração; citando Jung, em seu livro *Memórias, sonhos, reflexões*, Robson conclui: "Em nosso mundo massificado, onde o indivíduo é reduzido apenas a uma 'unidade econômica', produto do trabalho e do consumo, a busca da individuação começa a surgir como único valor que ainda faz sentido." Para finalizar, destaco alguns momentos de *Uma oração nascida na jornada*, criação literária de Robson, apresentada nesta obra:

Senhor...
Que eu possa estimular a cooperação fraterna
Que eu possa superar o sentimento destrutivo que corrói os relacionamentos
Que eu possa lembrar que somente o perdão pode vencer os conflitos
Que eu saiba escutar e promover o diálogo
Que eu aprenda a lidar com o paradoxo
Que eu possa ajudar as pessoas a crerem
Que morra o adulto rígido e míope e renasça a criança criativa e aberta ao futuro
Que morra a *Persona* e apareça a *Anima*
Que morra o Ego e nasça o Self...

Dulcinéa da Mata Ribeiro Monteiro
Mestre em Educação, Analista Junguiana e Gerontóloga

Apresentação
da 1ª edição

Como seres humanos, construímos um ambiente cheio de contradições e acirramos competições nas quais o "vencer" significa, muitas vezes, perder e o "ter" pressupõe deixar de "ser". Nesse contexto, em que a razão supera a emoção, somos os arquitetos de um cenário que termina por gerar hostilidade e insatisfação em nossas vidas.

A tensão tomou conta de nosso cotidiano. Todos reclamamos da falta de tempo e do abrir mão das verdadeiras coisas que refletem o prazer, como se a cada dia estivéssemos em uma guerra pessoal para sobrevivermos.

Viver, simplesmente viver, usufruindo o dom da vida, da saúde, do bem-estar junto aos entes queridos, produzindo em benefício do desenvolvimento pessoal, da família, da empresa e da nação, já não é mais suficiente. A ganância de pessoas e organizações, que buscam sempre o "máximo do máximo", tornou-se uma obsessão coletiva, repetindo e perpetuando o modelo socioeconômico dos "novos tempos".

Ao mesmo tempo que somos protagonistas do cenário em que estamos, somos também suas vítimas. Não estamos inteiramente felizes com o que construímos. Mudamos em uma velocidade incompatível com a natureza, perdendo assim nosso padrão determinante que nos torna humanos;

nos espelhamos em soluções prontas do mundo mecânico e pragmático, reduzindo a beleza da vida; avaliamos o êxito segundo o patrimônio material alcançado pelas pessoas; entendemos desenvolvimento pelo atributo de estarmos mais ou menos alinhados com o uso da tecnologia de ponta disponível no mercado, e desconhecemos o verdadeiro caminho de maior plenitude que nos conduz ao estabelecimento de nossa própria vida.

Este livro significa um grande alerta a todos nós; nele Robson Santarém, o autor, com sabedoria e sensibilidade, traz a seus leitores a consciência da urgência de se reconstruir o modelo ora vivido, com base na mudança do olhar pessoal diante da vida, motivando para a busca do sentido e privilegiando a inteireza humana dentro de cada ser vivo.

Ele aborda Francisco como instrumento da paz, elemento tão necessário para nossos dias. Vivemos em um mundo em que precisamos buscar e identificar novamente os valores. O autor nos mostra, também, que o caminho não está fora de nós. As respostas para tanta falta de sintonia entre o que desejamos e o que temos alcançado estão em nós mesmos, em nossos corações. Quando conseguirmos escutar essa voz interior que carregamos todos os dias, seremos capazes de:

- não negligenciar as dimensões emocional e espiritual de que somos constituídos;
- recuperar nossa identidade individual, que está massificada pelas convenções de mercado;
- ganhar uma maneira de pensar e agir que garanta a nossa sustentabilidade pessoal e das organizações para as quais trabalhamos;
- ser genuínos, tendo a coragem de expressar nossa essência e, consequentemente, liderar nosso querer, usufruindo o livre--arbítrio que nos foi concedido na criação do Homem;
- usar a ternura e o cuidado típico da alma feminina existente em todos nós, independentemente de sexo, superando assim a hostilidade hoje instalada e garantindo o estabelecimento de relacionamentos saudáveis pela escolha da sabedoria do nosso existir;

Apresentação da 1ª edição

- e, finalmente, como São Francisco de Assis, desenvolver a capacidade de perceber além de nossos sentidos e da nossa análise lógica, olhando o mundo e a vida de forma mais profunda e menos imediatista.

"Cada um de nós precisa sair de si mesmo, encontrar a si mesmo, encontrar sua essência e sua própria jornada com grandeza de alma."

Assim, é com imenso prazer que damos boas-vindas a *Autoliderança: uma jornada espiritual*. Temos acompanhado a trajetória desse escritor: um ser humano elevado, um profissional competente e companheiro presente, do qual nos orgulhamos muito.

Cada capítulo será objeto de reflexão profunda por parte do leitor, pois fornece elementos para enraizar a compreensão dos conceitos presentes.

Aprendemos muito com o livro apresentado e, por isso, queremos agradecer ao Robson sua imensa colaboração com esta refinada obra de arte.

Equipe da DBM do Brasil

Agradecimentos

A cada passo nesta jornada, a cada dia da caminhada, percebo o quanto tenho de ser grato à vida, que tem sido infinitamente generosa para comigo. O Deus de Amor, no qual eu creio, tem Se manifestado a mim de tantas maneiras, com tantas bênçãos, com tantas graças, que me cabe apenas agradecer. E para Lhe ser grato, sei que preciso agradecer às pessoas que Ele colocou em meu caminho e compartilhar os dons e conhecimentos que bondosamente me têm sido dados com todos.

Assim, agradeço a cada um a convivência, mesmo àqueles cujo tempo de relacionamento tenha sido rápido, mas que certamente foi muito importante, do contrário sequer nos teríamos encontrado.

Permito-me citar os colegas e mestres da pós-graduação em Psicologia Junguiana do Instituto Brasileiro de Medicina de Reabilitação (IBMR), que me toleraram no meu aprendizado e souberam com maestria e alegria compartilhar comigo o saber e a experiência. Agradeço especialmente ao prof. dr. Walter Boechat e à mestra Dulcinéa da Mata Monteiro a acolhida e orientação. Agradeço também à Editora Senac Rio a valiosa contribuição de sua equipe.

E aos iluminados seres humanos que compõem a equipe da DBM do Brasil: Lizi Mara Guimarães e Guimarães, Sandra Marques, Ângela Lins,

Cristina Fortes, Tânia Trindade, José Augusto, Paulo Monteiro e Marcelo Cardoso, que, com os seus talentos e as suas competências, contribuem para que outros seres humanos façam a grande jornada em direção a si mesmos.

Por fim, acrescento a esta terceira edição revisada e ampliada minha gratidão a todas as pessoas que já leram a obra e insistiram em nova edição, prontamente aceita pela Editora Senac Rio. Minha gratidão também a Monja Coen, presença inspiradora em nossa caminhada, que generosamente escreveu o prefácio.

A todos, a minha gratidão com a saudação franciscana: Paz e Bem!

Introdução

Nos últimos séculos, nós, humanos, temos sido cruéis com a vida no planeta. O paradigma mecanicista, ao dar o primado à razão e negligenciar as dimensões emocional e espiritual – não obstante os avanços que gerou –, desencadeou uma crise sem precedentes e que pode arruinar de vez com a vida. Entre os graves problemas da humanidade, certamente os mais críticos são a falta de sentido da vida e a massificação do ser humano, que perde sua identidade e sua razão essencial de ser.

A situação se tornou ainda mais aguda nos últimos anos, a ponto de o filósofo Byung-Chul Han denominar esse estado de coisas que estamos vivendo como sociedade do cansaço. Ele denuncia a crescente depressão como expressão do fracasso do homem pós-moderno, causada por carência de vínculos, pressão por desempenho, excesso de positividade e um processo de autoexploração, que lhe parece mais eficiente do que uma exploração feita por outro, pois naquele caso o explorador é, ao mesmo tempo, o explorado.

Diante da crise instalada, emerge a consciência de que é urgente a mudança na maneira como temos vivido e, no âmbito empresarial, no modo como temos liderado. Sabemos que é preciso investir na expansão da consciência e resgatar a inteireza humana. A fragmentação e atomização que nos foram impostas pelo paradigma analítico fizeram com que perdêssemos a consciência da nossa integridade. Ao separar razão de emoção, matéria de espírito e até o absurdo de tentar separar vida pessoal de vida profissional – como se isso fosse possível –, criou-se uma espécie de esquizofrenia que conduz uma imensa multidão ao caminho da infelicidade.

Este livro busca analisar como a psicologia proposta por Carl G. Jung pode contribuir para o desenvolvimento das potencialidades humanas e, consequentemente, para o exercício da liderança consciente. Entendo como líder consciente a pessoa capaz de desenvolver a própria individualidade, libertando-se das convenções coletivas para exercer seu poder de decisão pelo caminho a seguir; e que, ao desenvolver assim a autoconsciência e o autodomínio, centrando-se nos valores essenciais, consegue, por meio da integridade do caráter, influenciar os outros. O pressuposto é que se tornar plenamente humano é condição indispensável para se tornar um verdadeiro líder.

Considerando que a função transcendente, isto é, a transformação que ocorre na alma – não no sentido religioso, mas na dimensão mais profunda do ser humano – mediante o confronto com o inconsciente, é essencial para a restauração da unidade do ser humano, fui buscar na história alguém que tenha integrado essa função e vivido o processo de individuação de que nos fala Jung, tornando-se um líder e uma referência como ser humano. Esse foi Francisco de Assis.

O que diz Jung sobre o ser humano e o que viveu Francisco que podem servir de parâmetros para esse ser humano em nossos dias? O que se pode aprender com eles sobre o que é ser autenticamente humano, e sobre o que é liderar pessoas? Essas e outras respostas aparecem na psicologia junguiana, assim como na experiência de Francisco. Os referenciais teóricos e as proposições para que o indivíduo se torne realmente o que é foram, de fato, experimentados por Francisco há cerca de oitocentos anos. O que há em comum entre a história de Francisco, os arquétipos estudados por Jung e ser líder em nossos tempos é o que procuro demonstrar aqui.

Contextualizando...

Ao longo da História, o ser humano vem se desenvolvendo, criando, explorando, inventando e se tornando, cada vez mais, senhor de todas as coisas. Mas, certamente, ainda não é senhor de si mesmo. Em muitas situações, é escravo do que ele próprio construiu. Embora tenha dominado tantos conhecimentos, ainda ignora o mais importante de todos: o conhecimento sobre si mesmo e sobre o seu estar no mundo.

Assistimos às grandes mudanças, boas e más, sofridas pelo mundo, e sabemos que são irreversíveis. Trazem consigo exigências profundas para todos e, principalmente, para aqueles que exercem função de liderança.

A sabedoria que as tradições espirituais nos legaram alerta sobre outro modo de vida capaz de proporcionar ao ser humano e ao seu habitat um status de felicidade relacionado ao bem comum, ao respeito à dignidade humana, à compaixão, à busca do sentido da vida, entre outros valores essenciais.

Não há dúvidas de que tais valores precisam ser também urgentemente praticados por todas as organizações – o que implica responsabilidade de seus dirigentes –, visto que são elas, em grande parte, as causadoras dos inúmeros problemas que afetam a vida humana e o planeta.

Hoje, a ciência confirma que essa sabedoria primitiva é essencial à vida e começa a ser aceita; talvez porque o Ocidente ainda dependa da "objetividade científica" ou talvez porque a humanidade não suporte mais viver em um modelo destrutivo (com tantos conflitos, intolerância religiosa, preconceitos raciais, xenofobia, além das gravíssimas consequências geradas pelo aquecimento global, provocadas pelo ser humano, conforme atestam os cientistas) e já estejamos atingindo uma massa crítica capaz de transformar os padrões estabelecidos até o momento.

Começa-se a questionar uma cultura tão orientada pela lógica, pela razão, e cada vez mais pessoas tomam consciência de que a racionalidade não é capaz de responder às questões mais importantes e significativas da vida. Em todas as áreas do saber, há um movimento pela busca do que é mais profundo. Pode-se mesmo afirmar que um novo paradigma, isto é, um novo modelo mental, já é aceito, e ele define que a maior parte do nosso conhecimento e da nossa percepção encontra-se no inconsciente. É isso que as tradições espirituais afirmam: existe uma sabedoria superior que nos fala, e essa dimensão espiritual é capaz de nos elevar acima da nossa percepção consciente, que é reduzida. O grande físico Fritjof Capra e outros importantes pensadores e cientistas reconhecem a limitação da ciência para responder plenamente às questões que emergem a cada dia sobre os inúmeros problemas que enfrentamos.

A massificação, tão bem estudada por Jung, distorce nossa percepção e nos hipnotiza, de tal maneira que anulamos nossa singularidade. Tornar-se um indivíduo é livrar-se dessa hipnose coletiva e deixar-se iluminar pelo espírito, que se manifesta na prática dos valores humanos, na justiça e no direito para todas as pessoas, no respeito mútuo, no amor, na solidariedade, enfim, na busca de um sentido para a vida e de um mundo que seja melhor para todos e não apenas para alguns.

A perversidade do sistema caracteriza-se pela exploração predatória do meio ambiente e do ser humano, cujos tristes indicadores são abundantes e chocam os mais sensíveis. Ainda há exploração de mão de obra escrava. É inaceitável que haja miséria, fome, analfabetismo, falta de moradia, diante da opulência de tantos. É perverso observar países tão ricos com populações vivendo abaixo da linha de pobreza. É perverso o gritante distanciamento das faixas salariais em uma organização. É perverso e assustador pensar que podemos caminhar para o fim...

Nesse cenário, há sinais de vida e esperança quando alguns líderes erguem suas vozes e começam a transformar os modelos de gestão nas empresas, em organizações não governamentais e cidades, mostrando, com destemor não obstante as dificuldades, que é possível construir outro mundo. Observamos uma expansão da consciência manifestada em mudança de legislação, em uma clara evolução nas políticas corporativas de valorização do ser humano e no respeito ao meio ambiente.

Os valores humanos são/devem ser os influenciadores de políticas corporativas e a base dos processos decisórios, definindo práticas que contribuem para a credibilidade e a perenidade da organização. Além da imagem corporativa, eles criam um vínculo entre as pessoas e a organização, gerando uma identidade que mobiliza todos para a consecução de um objetivo comum. Porque, insisto, os valores humanos devem ser a fonte e o alicerce de todas as nossas ações, e determinantes dos demais "valores", sejam políticos, econômicos, culturais, comerciais, científicos etc.

Visto que a empresa não existe sem pessoas, e tudo o que nela se faz é feito por pessoas, quanto mais maduras e éticas elas forem, mais madura e ética será a organização. Neste nosso tempo, já não podemos recorrer a subterfúgios que justifiquem nosso comportamento incoerente, buscando explicações para atitudes sem apresentar o esforço da transformação pessoal. É preciso que todos assumamos, responsavelmente, o destino de nossas vidas, a nossa conduta que afeta a vida do outro e a vida do planeta. Certamente isso exige disciplina, exige uma metanoia: uma profunda transformação no interior de cada um.

Para percorrer esse caminho, cada um deverá voltar-se para dentro de si mesmo e encontrar uma direção espiritual para a sua vida.

Jung diz que:

> Ele deve subir na árvore da fé que cresce para baixo, pois tem as raízes fincadas na divindade. Ruysbroceck também se expressa como a ioga: "O homem deve ser livre e sem imagens. Livre de tudo o que o liga aos outros e vazio de todas as criaturas. Não deve ser perturbado pela luxúria e pelo sofrimento, pelo lucro e pelas perdas, pelas ascensões e pelas quedas, pelas preocupações em relação aos outros, pelos prazeres e pelo temor, e não deve apegar-se a qualquer criatura." É daí que resulta a "unidade" do ser, e esta unidade significa um "estar-voltado-para-dentro-de-si." O estar voltado para dentro de si significa que "o homem está orientado para dentro de si mesmo, para dentro do próprio coração, de modo que pode sentir e compreender a ação interior e as palavras íntimas de Deus". (Jung, v. XI/1, § 890)

Somente uma profunda transformação da consciência possibilita a transformação do exterior. E não haverá uma transformação nas estruturas exteriores enquanto o ser humano não se transformar interiormente.

É o ser humano, único na sua individualidade, que é o elemento de diferenciação na coletividade. Tanto as grandes realizações de virtude quanto os maiores crimes são todos individuais. É, portanto, no indivíduo que precisamos investir, antes que as forças do coletivo o aniquilem.

Desenvolver a própria personalidade, com a coragem de quem sabe exatamente o que quer para si, quando continuamente é convocado a seguir e imitar padrões, é o maior dos desafios para o ser humano.

Assim o sábio Jung comenta:

> Quanto mais conscientes nos tornamos de nós mesmos, através do autoconhecimento, atuando consequentemente, tanto mais se reduzirá a camada do inconsciente pessoal que recobre o inconsciente coletivo. Desta forma, vai emergindo uma consciência livre do mundo mesquinho, susceptível e pessoal do eu, aberta para a livre participação de um mundo mais amplo de interesses objetivos. Essa consciência ampliada não é mais aquele novelo egoísta de desejos, temores, esperanças e ambições de caráter pessoal, que sempre deve ser compensado ou corrigido por

contratendências inconscientes; tornar-se-á uma função de relação com o mundo de objetos, colocando o indivíduo numa comunhão incondicional, obrigatória e indissolúvel com o mundo. (Jung, v. VII/2, § 275)

Afirmou ele também que uma das experiências mais poderosas que uma pessoa pode ter é a experiência religiosa, porque coloca o indivíduo em contato com o Espírito capaz de transformá-lo, tornando-o um ser humano mais pleno, integrado, consciente de si mesmo e da sua missão no mundo.

Neste mundo tão materialista, urge resgatar a dimensão espiritual para que o humano encontre o sentido da sua vida. Porque, se é verdade que em toda a História todas as pessoas sempre necessitaram da esperança, muito mais agora é preciso enfatizar, em todos os cantos do planeta, que outro mundo é possível, antes que essa ou aquela ideologia acabe com tudo. Mas não só anunciar; é preciso testemunhar sempre que há uma vida mais plena e que pode ser vivida por todos.

Viktor Frankl (1905-1997) foi professor de Neurologia e Psiquiatria e fundou a escola de Logoterapia – considerada a terceira escola vienense de psicoterapia (as duas primeiras são as de Freud e Adler) – após sobreviver aos horrores da Segunda Guerra Mundial, no campo de concentração de Auschwitz. Experimentou os tormentos na própria carne e, por isso, pôde declarar, com autoridade, que somente seremos homens completos quando atingirmos também a dimensão da liberdade que nasce do espírito – a liberdade que cada um de nós tem para decidir, para escolher o que deseja para si, para escolher que tipo de ser humano deseja e pode ser (Frankl, 2006).

Se não tiver uma visão consciente de si mesmo e do mundo, o líder será vítima das próprias crenças inconscientes, que, no fim, determinam suas atitudes e trazem graves consequências para si e para todos. Se não for capaz de avaliar criticamente a si mesmo, e de também desenvolver uma consciência mais crítica e profunda sobre o que acontece no mundo, não será capaz de liderar com a maturidade que a função requer; ao contrário, o mundo invisível, inconsciente, é que dominará e traçará o destino do mundo visível e consciente.

Autoliderança: uma jornada espiritual

PARA REFLETIR E AGIR

"Não haverá transformação nas estruturas exteriores enquanto o ser humano não se transformar interiormente."

"Não podemos exigir mudanças nos outros, quando nós não mudamos a nós mesmos."

De que modo esse pensamento impacta sua vida e seu trabalho?

Que tipo de pessoa, cidadão(ã) e líder você quer ser?

Que mudanças precisam acontecer em você para se tornar o que almeja ser?

O que você pode fazer por si próprio(a) (novos desafios, outras responsabilidades etc.)?

Até que ponto você e a empresa em que trabalha são parte do problema ou da solução?

E de que forma você pode contribuir para melhorar a organização em que trabalha?

E como cidadão(ã) do mundo, como você pode contribuir para solucionar as graves questões sociais e o cuidado com a vida do planeta?

# Capítulo 1

Liderança consciente
Um processo evolutivo

> O que a natureza pede da macieira é que produza maçãs, da pereira, que produza peras.
> A natureza quer que eu seja simplesmente homem.
> Mas um homem consciente do que sou e do que estou fazendo.
>
> **C. G. JUNG**

O acelerado processo de transformação pelo qual estamos passando, em quaisquer esferas da vida no planeta, exige uma nova postura de todas as pessoas que pretendem liderar outros para obter resultados. Os estilos de liderança autocráticos, de comando e controle, que têm vigorado até o momento estão se tornando obsoletos e anacrônicos; aqueles que insistirem em conduzir seus negócios de acordo com os modelos ultrapassados perderão terreno no grande mercado e poderão ser, em algum tempo, eliminados.

Sabemos que grande parte dos problemas da nossa sociedade deve-se ao modelo mental instalado, há alguns séculos, em todos nós. Para sair do obscurantismo medieval, o Ocidente enfatizou a racionalidade, privilegiou a lógica e os fatos, em detrimento das dimensões emocional e espiritual. Nesse modelo, o homem era impedido de sentir ou expressar os seus sentimentos, assim como foi tolhido na sua capacidade intuitiva, isto é, a capacidade de perceber além dos cinco sentidos sensoriais porque tais percepções não eram consideradas reais. O paradigma que, aos poucos, foi se instalando – e que é chamado mecanicista, linear, cartesiano – também determinou os estilos de liderança, as políticas e ações corporativas.

Os resultados de tais estilos e a situação do mundo falam por si: em termos de coletividade, observamos o meio ambiente degradado, recursos naturais desperdiçados, desequilíbrio no ecossistema, com mudanças climáticas assustadoras, desrespeito à dignidade humana, miséria, fome crônica, intolerância, violência urbana etc.; e, quanto aos indivíduos, a unilateralidade da razão tem provocado neuroses, depressões, patologias que levam às drogas e a outros vícios, incluindo o ativismo, retratado pelo *workaholic*, que é viciado em trabalho porque crê que neste mundo é preciso sempre estar ocupado, ter algo para fazer, como se fora esse o único sentido... Acrescente-se o que foi amplamente estudado por Byung-Chul Han em *Sociedade do cansaço* a respeito da autocobrança e o imperativo do desempenho da pós-modernidade, a ponto de afirmar que "o excesso da elevação do desempenho leva a um infarto da alma". (2015, p. 71)

De todos os problemas citados, e que não se esgotam nesses, talvez o mais dramático da humanidade seja a crise que a tantos aflige, que é a perda do significado da vida. Por falta de condições dignas de vida, milhões de pessoas não veem razão para viver; e o vazio que há no coração de tantos, principalmente dos jovens, tem gerado incontáveis transtornos a eles e a toda a sociedade.

Outra face perversa desse modelo é o seu caráter massificador, que anula a identidade dos indivíduos, os quais passam então sua existência sem consciência de si mesmos e do que fazem no mundo. Vivem condicionados pela sociedade, procurando responder às convenções coletivas, na suposição de que assim serão profissionais bem-sucedidos; entretanto, submetidos aos ditames das convenções, perdem-se na coletividade, investindo tudo o que podem na busca de poder, prestígio, dinheiro, esquecendo-se de si mesmos.

Se o indivíduo considera que seu valor está nas qualidades que o mercado competitivo define como fatores para o sucesso, constantemente em mutação, e não em suas qualidades humanas essenciais, certamente ele sofrerá o tempo todo porque sua energia será canalizada só para o sucesso, e sua autoestima estará relacionada com as conquistas e os fracassos, perdendo o senso da própria dignidade. Quando tais fatores substituem o sentimento de identidade, o indivíduo fica totalmente dependente das convenções do mercado e de como os outros o veem.

Jung (v. X/3), examinando essa situação, afirmou que o florescimento das convenções prova que a maioria das pessoas não escolhe o próprio caminho, desenvolvendo a si mesma, mas o caminho fácil das convenções sociais, seguindo o método que é coletivo em prejuízo da sua individualidade.

Na mesma obra, Jung analisou os acontecimentos que abalavam, e ainda abalam, a humanidade e comentou que a tendência predominantemente individualista resulta em uma volta compensatória ao homem coletivo, isto é, à massa. E, como sabemos, a massa é anônima e irresponsável. Concluiu que, se alguém é capaz de refletir sobre si mesmo conscientemente e, assim, contribuir para que os demais também o façam e saiam do anonimato das massas, esse poderá, então, ser chamado de líder.

Se mantivermos o atual modelo materialista, consumista, competitivo e explorador da vida e da natureza, chegaremos rapidamente à completa exaustão e até, quem sabe, à extinção da vida no planeta.

Não nos faltam argumentos, indicadores tangíveis e – por que não? – intuição suficiente para afirmar que somente uma nova maneira de pensar e de agir proporcionará sustentabilidade às organizações, ao planeta e, logicamente, à vida humana. Já chegamos à conclusão de que a lógica da racionalidade não é capaz de dar as respostas que buscamos para melhor compreender e viver a vida.

Considerando o poder que as empresas exercem hoje no mundo, já que suas ações vão muito além da economia e do negócio propriamente dito – influenciam na cultura, na educação, no desenvolvimento socioambiental e no comportamento humano –, podemos afirmar que os líderes empresariais detêm, com esse poder, uma grande responsabilidade. Trata-se de ser responsável não só pelos resultados e lucros econômico-financeiros da corporação, mas principalmente por uma nova consciência do que sejam resultado e lucro, que devem incluir a sustentabilidade e o bem comum, e o sentir-se responsável pela transformação e evolução da sociedade.

Compete à empresa contribuir positivamente para criar uma nova sociedade e desenvolver uma nova cultura, que serão o grande legado a ser deixado para as futuras gerações. E este, certamente, é o maior de todos os desafios do líder: manter-se firme nesse propósito, não obstante as adversidades, os ventos contrários e a tentação de acomodar-se, desejando apenas o lucro fácil e imediato. Na verdade, ainda são muitas as forças contrárias, internas e externas, a exercer enorme pressão sobre as pessoas e organizações.

É cada vez mais explícito ao mundo corporativo que o modelo predominante até agora está em vias de falência. Para se obter lucro a curto prazo, a ganância humana ultrapassou todos os limites, transgrediu os princípios éticos essenciais, arruinou com a vida no planeta, maculou a imagem das organizações, e seus efeitos persistem entre nós. Durante muito tempo prevaleceu a visão de que os recursos naturais eram inesgotáveis, que a estratégia da mais-valia era compensatória, e ignorou-se a responsabilidade social das organizações; agora, em ritmo de urgência, é preciso resgatar os princípios que podem salvar e dar vida longa às empresas e ao próprio planeta.

Compreendendo que o principal problema vivido nas empresas é de consciência ética, é preciso investir logo na expansão da consciência, na reflexão e vivência dos valores que podem transformar a vida de pessoas e empresas. Urge resgatar a inteireza humana. E somente a função transcendental é capaz de reunir os fragmentos e dar ao indivíduo a consciência de sua totalidade, da sua integridade humana.

Obviamente, os líderes que assumirem essa responsabilidade hão de promover a transformação e sustentar que, somente por meio de uma gestão alicerçada em valores profundos, as empresas conseguirão alavancar seus negócios de maneira sustentável, porque isso envolverá todas as partes interessadas. Como afirma Kofman (2019), líderes que têm consciência da sua missão transcendente atuam para conectar os propósitos individuais dos seus colaboradores a um propósito maior, que impacte não só os resultados imediatos mas que afete todo o ecossistema e se conecte com o sentido da vida e do trabalho.

Então, é necessário repensar o modelo. Questionar e reintroduzir valores como cooperação, intuição, justiça, bem comum, ternura e ética nos relacionamentos, para que não sucumbamos. Urge que o paradigma seja mudado. Einstein (*apud* Renesch, 2003), há algumas décadas, afirmou que não se sai de uma crise, que não se soluciona um problema, usando o mesmo tipo de pensamento que gerou a situação. Não pretendo aqui dissertar sobre o novo paradigma, cujas referências podem ser encontradas em ampla bibliografia, inclusive em meu livro anterior *Precisa-se (de) ser humano*, mas pontuar alguns aspectos que são essenciais para se compreender o que é ser líder nestes tempos.

A mudança de paradigma, que é uma mudança de olhar, implica ver o mundo de outra maneira: não mais como uma permanente guerra e competição predatória entre os elementos, mas, ao contrário, compreendendo o caráter cooperativo e complementar entre tudo e todos no Universo, por meio de uma visão mais ampla, complexa e transdisciplinar.

Mudar o modelo, que até agora tem sido linear, causal e previsível, para outro que acolhe o paradoxo, o contraditório e o diverso, admitindo a subjetividade como elemento fundamental da vida, é o caminho a ser trilhado por todos aqueles que desejam um mundo mais justo, mais humano e mais fraterno em suas relações interpessoais e empresariais.

Willis Harman (1998) observou, há alguns anos, que já havia claros indícios de mudança na visão de mundo, destacando a ênfase que tem sido dada à interconexão e à totalidade, gerando a consciência cada vez maior de que, embora possamos competir, fazemos parte de um imenso e único sistema no qual ninguém pode vencer, a menos que todos vençam.

Registre-se, ainda, que há um grande movimento no sentido de aceitação da experiência subjetiva e da sabedoria interior como recursos essenciais à vida, contrariando todo o materialismo científico que prevaleceu até recentemente.

A mudança do modelo mental significa que se deverá aceitar como verdade que a nossa psique contém uma força, um poder, muito superior ao que imaginamos, e que a simples crença de que algo existe já o faz existir. Isto é, a consciência é causal. As experiências e os estudos da física quântica já o provaram.

De modo extremamente sintético, podemos mencionar a constatação de que o que imaginamos ser real, na verdade, não é tão real e objetivo assim, pois é fruto da percepção da mente de quem está observando. Nesse Universo, o paradoxo e a complementaridade convivem; portanto, o pensamento lógico tem algumas limitações porque a realidade será sempre maior que a nossa capacidade de percebê-la e apreender as suas informações. Somente isso já seria suficiente para afirmar que as nossas decisões são fundamentadas em nossas percepções dos fatos, ao contrário do que muitas vezes argumentamos. A substância primordial de todo o Universo é a energia, que também é o elemento da mente humana. Vivemos mergulhados em um infinito oceano de energia, e nós mesmos somos constituídos como campos de energia subatômica. E essa energia direcionada como intenção, como foco, é capaz de mobilizar, atrair, realizar e transformar o que está ao redor.

Enfim, são inúmeros os aspectos que merecem ser estudados, mas que, embora relacionados com o tema de liderança, não fazem parte do escopo principal deste livro.

Ainda precisamos entender que, muito além de mudanças nos processos tecnológicos, nas teorias e nos conhecimentos humanos, o paradigma a que nos referimos está relacionado às dimensões mais profundas do ser humano: a espiritualidade, a sabedoria, a intuição, o amor, enfim, os valores humanos – o potencial de cada indivíduo, que

Liderança consciente: um processo evolutivo

é capaz de elevá-lo acima das adversidades e torná-lo um agente de transformação. A metanoia, que significa a completa transformação, só acontece no interior do indivíduo, em seu espírito, e é de dentro que podemos realizar as mudanças no mundo.

Em abril de 1934, Jung (McGuire, 1982, p. 76) já chamava a atenção para esse aspecto, em artigo no qual afirmava estar convicto de que o problema do homem era um problema espiritual. Ao aceitar o dogma da ciência, que afirmava não existir Deus, ele foi privado da possibilidade de se tornar plenamente humano. Diante das graves dificuldades provocadas pela modernidade, o ser humano sente-se muitas vezes acuado, dividido e muito carente de algo que lhe proporcione segurança, equilíbrio, bem-estar e plenitude.

Até agora se buscou o contínuo aperfeiçoamento da tecnologia, a reengenharia dos processos, a reestruturação das organizações; mas pouco se fez pela transformação das mentes humanas. Se quisermos, de fato, promover uma evolução na vida humana, organizacional e planetária, precisamos, antes de embelezar as estruturas externas, buscar a essência do humano.

Sabemos, hoje, que a maior parte das nossas percepções, escolhas, decisões e atividades mentais é mais influenciada pelo inconsciente que pelo ego consciente. Isso requer que nos aprofundemos na dimensão do inconsciente para melhor nos conhecermos.

Observamos que o distanciamento cada vez maior entre as crenças conscientes – nossos ideais e valores – e as crenças inconscientes, como resultado de uma hipnose coletiva ou massificação, como chamou Jung, e do completo desconhecimento de si, tem levado a uma enorme incoerência entre o que falamos e o que realizamos.

Estou convencido de que somente com uma mudança de mentalidade em cada indivíduo é que poderá haver também uma mudança no espírito das organizações e das nações. Quando nos preocuparmos mais em cuidar de nós mesmos, isto é, em nos tornarmos melhores como seres humanos, em vez de pretender mudar os outros e querer organizar o mundo segundo as nossas percepções, certamente nos aproximaremos do ideal.

Se não nos abrirmos para a possibilidade de nos conhecer e realizar essa mudança interior, por mais que isso nos incomode e nos assuste – por isso resistimos tanto –, não evoluiremos como seres humanos, e, portanto, não haverá também evolução nas demais esferas.

Se não mergulharmos profundamente em nós mesmos, tomando consciência de quem somos, identificando nossos valores mais caros e as crenças que sustentam o nosso caminhar, para aplicá-los também em nossa vida profissional, viveremos cada vez mais em um agudo e crônico processo esquizofrênico, gerando inúmeros transtornos nos relacionamentos e nos negócios.

Em 26 de junho de 1933, Jung foi entrevistado pelo dr. Adolf Weizsäcker, na rádio Berlim, e, ao ser questionado sobre liderança, sua resposta foi enfática e elucidativa:

> O autodesenvolvimento do indivíduo é especialmente necessário em nosso tempo. Quando o indivíduo não possui consciência de si mesmo, o movimento coletivo também carece de um sentido claro do desígnio. Somente o autodesenvolvimento do indivíduo, que eu considero ser o objetivo supremo de todo o esforço psicológico, pode produzir porta-vozes e líderes conscientemente responsáveis do movimento coletivo. Se o líder não se conhece a si mesmo, como poderá liderar outros? É por isso que o verdadeiro líder será sempre aquele que tem a coragem de ser ele mesmo e que pode não só olhar os outros nos olhos, mas também se olhar todo a si mesmo. (McGuire *et alii*, 1982, p. 74)

Se nos dispusermos, com disciplina e determinação, a trilhar o caminho do autoconhecimento e da transformação pessoal, também conseguiremos irradiar esse propósito à equipe, nas organizações e comunidades de que participamos. Como disse Mahatma Gandhi, "nós devemos ser a mudança que queremos ver no mundo".

Constatamos que grandes pensadores e estudiosos do ser humano, mesmo de diferentes escolas, são unânimes em afirmar que esse é o único caminho. Poetas, dramaturgos e místicos, que têm a sensibilidade e profundidade da alma humana, compartilham da mesma opinião.

Esse é o caso, já citado, de Viktor Frankl (2006), que desenvolveu sua teoria com base na própria experiência no campo de concentração nazista. Refletiu ele que, ainda que seja tirado tudo do homem – seus bens, sua família e amigos, seu *status* etc. –, nada poderá lhe tirar a liberdade de decidir o que ele quer se tornar como humano, porque todo homem tem o poder e a liberdade de se elevar acima de si mesmo e se tornar um ser humano melhor.

E Erich Fromm (1981) afirmou ser a expansão dos poderes a grande meta da vida humana, e que o ser humano só pode afirmar as suas potencialidades quando as concretiza, transformando-se no indivíduo que ele é em potencial. Na verdade, essa é uma obrigação de cada pessoa, pelo simples fato de estar viva, como ação de graças por ter nascido. Pois, se o indivíduo veio ao mundo, que se realize, então, como humano. Isso significa que é preciso trabalhar, com ardor e arduamente, para construir a própria personalidade. Precisamos, porém, entender que o processo de construção da personalidade se dá na relação com os outros. Essa dimensão é fundamental e, recentemente, o Papa Francisco nos alertou sobre isso em sua Encíclica Fratelli Tutti:

> O ser humano está feito de tal maneira que não se realiza, não se desenvolve, nem pode encontrar a sua plenitude "a não ser no sincero dom de si mesmo" aos outros. E não chega a reconhecer completamente a sua própria verdade, senão no encontro com os outros: "Só comunico realmente comigo mesmo, na medida em que comunico com o outro." Isso explica por que ninguém pode experimentar o valor de viver, sem rostos concretos a quem amar. Aqui está um segredo da existência humana autêntica, já que "a vida subsiste onde há vínculo, comunhão, fraternidade; e é uma vida mais forte do que a morte, quando se constrói sobre verdadeiras relações e vínculos de fidelidade. Pelo contrário, não há vida quando se tem a pretensão de pertencer apenas a si mesmo e de viver como ilhas: nestas atitudes prevalece a morte".

Aplicando à liderança o entendimento de que cada um de nós deve desenvolver, conscientemente, a própria individualidade, Jung comentou que a grandeza de um homem não está no seguimento incondicional das convenções coletivas, mas, justamente o contrário, está na capacidade de se libertar das convenções e escolher o próprio caminho.

Os novos tempos exigem que cada um de nós encontre o seu caminho singular, que descubra a sua essência espiritual e a transforme em competência.

Tratando da questão da liderança, tal competência emerge com o desenvolvimento da sabedoria e pelo exercício da intuição, expressa pela inovação, pela capacidade de ver além, de maneira sistêmica e transdisciplinar. Inclui comportamentos como o cuidado com o outro, o afeto e a ternura, a empatia – qualidades que foram chamadas de femininas, mas que hoje, se ausentes, determinarão a não possibilidade de inspirar e liderar uma equipe. A criatividade será cada vez mais exigida no mercado de trabalho, e a capacidade de inspirar e de dar o exemplo já está se tornando basilar; esses recursos interiores se farão não só necessários, mas fundamentais.

Percebe-se, então, que já estamos compreendendo liderança como outro conceito, totalmente diferente daquele que se baseava no poder, muitas vezes tirânico, e no comando centralizador. Entendemos que é verdadeiramente um líder aquele que escuta, que gera credibilidade, que inspira por sua sabedoria e move o outro pela autoridade do seu exemplo, pela força do seu caráter, porque "o problema do mundo começa com o indivíduo", como afirmou o mestre Jung (McGuire, 1982).

Se tudo começa no indivíduo, é nele que precisa ser investido. O coração e a alma de cada ser é que precisam ser tocados, porque é lá, no mais íntimo de cada um de nós, nas profundezas do nosso inconsciente, que encontraremos as razões para os nossos comportamentos. É preciso trabalhar cada vez mais fundo o sistema de crenças e valores, que é a base de motivação das ações humanas.

E, para os líderes em particular, serão necessárias disposição, determinação e disciplina extremas para submeter-se a um processo de transformação –

pessoal, psíquico-emocional e espiritual – se quiserem que seus seguidores estejam abertos às mudanças. O que não podemos mais admitir é exigir mudanças nos outros quando nós não mudamos a nós mesmos.

Somente poderá ser chamado de líder aquele que for capaz de liderar a si mesmo, isto é, de viver de maneira coerente, controlando suas emoções e seus pensamentos, canalizando-os para o bem comum. Viver com consciência é ter conhecimento do valor emocional das ideias que temos, dos motivos de nossas ações; é como ser um observador que dá conta de tudo o que nos acontece.

O exercício da liderança requer viver situações de pressão, tensões, conflitos e constantes desafios, que demandam paciência e decisão, além do envolvimento com as emoções e problemas dos liderados; se ele, o líder, não desenvolver o autodomínio, vivendo de maneira consciente, não obterá os resultados de maneira eficaz e satisfatória para todos.

Então, muito mais que conhecimentos e habilidades técnicas, o líder precisa desenvolver competências humanas. Precisa ser humano. Tornar-se mais humano é condição indispensável para se tornar um verdadeiro líder.

Portanto, qualquer pessoa que decidir viver assim tornar-se-á um líder e, pelo próprio exemplo, suscitará outros líderes e, por sua ação, fará com que cada um descubra em si suas potencialidades e as coloque a serviço dos demais. Nesse modelo, todos se sentem responsáveis por si mesmos – a isso se dá o nome de autonomia; e se sentem responsáveis pelos outros – isso é solidariedade. Com uma consciência ampliada, os líderes saberão o momento de indicar os caminhos, o momento de acolher, de apreciar as metas atingidas e de corrigir os desvios; mas, sobretudo, eles serão um exemplo para seus liderados.

Barbara Shipka (2003), membro do Conselho Diretor da World Business Academy, é veemente quando afirma que a consciência é um preço bem alto a pagar, mas isso não deve ser entendido como sacrifício, e sim como responsabilidade sagrada pela vida.

E, convenhamos, uma responsabilidade chamada de sagrada transcende aquela que denominamos responsabilidade social. Quando nos revestirmos da responsabilidade que é sagrada, então compreenderemos que atingimos outro patamar de consciência em nosso processo evolutivo; perceberemos que o que mais importa é a vida e vivê-la de modo consciente. Assim, também entenderemos que a lucratividade é importante e continuará sendo vital para a viabilidade dos negócios, porém será entendida de maneira diferente da privilegiada no modelo em que fomos formados. O lucro deixará de ser um fim em si mesmo, para ser a consequência de ações conscientes e responsáveis.

Embora ainda encontremos inúmeras pessoas que, ao gerenciar seus negócios, adotem o estilo "vale tudo" e, em nome do lucro, atropelam-se a si mesmas destruindo a vida, mais cedo ou mais tarde elas haverão de confrontar-se com a própria vida e com realidades mais profundas. O processo evolutivo é inexorável.

Em algum momento, o indivíduo vai experimentar a solidão, vai se defrontar com as questões cruciais da vida e com as próprias inseguranças e incertezas; diante delas, precisará saber responder ao chamado para evoluir ou será aniquilado por si mesmo. Para todos sempre haverá um momento – e todo momento é o tempo – de decisão, de escolha; e sempre deveremos assumir, responsavelmente, as consequências de nossas escolhas, de nossas respostas à vida.

Muitas escolhas feitas ao longo de nossa história nos deixaram um rastro de destruição: optamos pela técnica, pela razão, pelo materialismo, e, deliberadamente, negligenciamos os valores éticos, a fé, o amor, a intuição, a emoção. Preferimos a superficialidade à profundidade. Tornamo-nos vítimas de nossas escolhas.

Se, agora, na urgência do tempo, revisarmos nossa atitude e escolhermos o que engrandece a humanidade; se optarmos pela vida humana, colocando-a acima do capital, das máquinas; se a nossa prioridade for a vida em sua plenitude, e não a morte que se instala de diferentes maneiras em nosso cotidiano; então, haveremos de construir também outros modelos de gestão e de liderança, de organizações que possibilitarão a manutenção e o surgimento da essência da vida.

Essa é a nossa esperança. E entendo a esperança como um valor, como um estado de ser, como uma disposição interior que se renova continuamente e nos move em direção aos nossos sonhos.

Creio ser essa uma virtude que deve estar presente em todos os seres humanos. E, como também acredito que se tornar líder significa se tornar plenamente humano, essa deve ser uma virtude da liderança. Como influenciar, como mobilizar pessoas sem a esperança? Não se trata de esperança passiva, de esperar que o resultado aconteça; mas da energia que move os seres humanos na direção do que acreditam, na direção de seus propósitos. Porque, sem ela, a própria vida se extingue. Assim como a fé, ela é própria da natureza humana, do espírito humano. Não se trata de fé religiosa, mas de uma convicção acerca daquilo que ainda não foi provado. Como disse Erich Fromm (1981), a fé é a consciência da gravidez, ela é baseada em nossa capacidade de conhecer e compreender além da superfície. A fé em que outros podem mudar é o resultado da experiência de que eu posso mudar. Se assim acreditarmos – que podemos nos transformar continuamente –, então acreditaremos também nas potencialidades dos demais, no contínuo vir a ser de cada um.

É com base nessa perspectiva que devemos estudar a liderança. O que fazer para se tornar líder, para se tornar humano? Quais são as nossas referências? Quem terá se aproximado mais da essência e poderá nos ensinar algo sobre o que é ser autenticamente humano? Sobre o que é liderar pessoas pelo exemplo, pela força do caráter? O que fez esse ser humano pleno e o que se deve fazer?

Quando, em uma conversa com Howard Philp, em 1939, Jung, analisando os ditadores da época (Hitler, Mussolini e Stalin), não hesitou em confirmar que o homem em conflito consigo mesmo é capaz de promover guerras e revoluções, e que o homem em paz consigo mesmo contribui, ainda que de forma infinitesimal, para o bem do Universo. Se cada um tratar dos conflitos particulares e pessoais, afirmou ele, estaremos reduzindo os conflitos mundiais.

Procurando respostas para tantas questões, identifiquei na psicologia analítica de Jung os referenciais teóricos e proposições para que o indivíduo se torne realmente o que ele é.

Por outro lado, refletindo sobre os seres humanos que "deram certo", escolhi um modelo de homem que trilhou o caminho que o levou ao encontro consigo mesmo, e tornou-se um grande líder: Francisco de Assis. Por certo ele tem algo a nos ensinar sobre o que significa ser humano de verdade, pois, decorridos quase oito séculos de sua morte, ele ainda é venerado em todo o planeta como um dos mais belos e plenos seres humanos que a Terra já viu. Independentemente de crença religiosa, personalidades do Ocidente e do Oriente consideram-no um ser humano exemplar, a ponto de ter sido designado no ano 2000 como "o homem do milênio".

Tendo vivido apenas 44 anos, desenvolveu tal liderança que se estima que, por ocasião de sua morte, já havia em torno de 20 mil seguidores em toda a Europa.

Leonardo Boff (1999) afirma que Francisco continua vivo como um arquétipo no coração das pessoas, nos movimentos socioculturais, no respeito ao ecossistema e naqueles que lutam pela transformação e busca de um mundo melhor.

Até que ponto a espiritualidade franciscana reflete o processo de individuação? O que há em comum entre a história de Francisco, os arquétipos estudados por Jung e ser líder em nosso tempo é o que se pretende analisar neste livro.

No entanto, devo ressaltar, de antemão, que cada aspecto mencionado, por si mesmo, é inesgotável. A proposta é que, ao menos, possibilite uma reflexão.

Liderança consciente: um processo evolutivo

PARA REFLETIR E AGIR

Os líderes detêm grande responsabilidade, além dos resultados e lucros econômico-financeiros, principalmente por uma nova consciência do que sejam resultado e lucro e o sentir-se responsável pela transformação e evolução da sociedade.
(...) "a consciência é causal"

Como você percebe essas afirmações?

Como você redefine resultado e lucro?

E de que forma, exercendo a liderança, você se torna responsável pela transformação e evolução social?

Quais são as suas crenças – aquelas que fazem acontecer exatamente o que você acredita, tanto positiva quanto negativamente? Experimente descrevê-las assim: "Eu acredito que..."

Qual é o modelo de liderança que você pratica?

Como você inspira as pessoas?

De que modo o seu exemplo contribui para que as pessoas, as organizações, o mundo sejam melhores?

Como você expressa a sua singularidade, o seu jeito único de ser e como isso afeta o bem comum?

De que maneira você manifesta a sua consciência diante de atitudes arbitrárias, não éticas e que afetam negativamente a vida das pessoas, das organizações e do planeta?

O que você pode fazer de diferente para fazer valer os valores que contribuem para a evolução?

Capítulo
2

> Somente pode tornar-se personalidade
> quem é capaz de dizer um "sim" consciente
> ao poder da destinação interior que se lhe apresenta;
> quem sucumbe diante dela fica entregue ao
> desenrolar cego dos acontecimentos e é aniquilado
>
> C. G. JUNG

Nosso pressuposto é de que todo ser humano existe para desenvolver, até a plenitude, suas potencialidades, constituindo, desse modo, sua personalidade como realização máxima. Para Jung,

> personalidade é a obra a que se chega pela máxima coragem de viver, pela afirmação absoluta do ser individual e pela adaptação, a mais perfeita possível, a tudo o que existe de universal, e tudo isso aliado à máxima liberdade de decisão própria. (v. XVII § 289)

Sabemos, porém, que a completa realização do ser é um ideal inatingível, mas isso não deve servir de pretexto para não o buscar, uma vez que os ideais são apenas os indicadores do caminho, e não as metas visadas. Entretanto, esse caminho também é uma escolha a ser feita de maneira consciente, um grande desafio da vida, que requer determinação, disciplina e extremo desejo de ser feliz, sem se sujeitar às convenções que impedem o indivíduo de ser ele mesmo.

Não há outro meio para a autorrealização, para a felicidade, senão a imersão em si mesmo – um processo de autodescoberta contínuo e cada vez mais profundo para encontrar a própria essência. A isso Jung denominou *designação*, uma voz interior que convoca o indivíduo a ser ele mesmo, *a própria lei* que o pode distinguir da massa; há, porém, um preço a pagar por encontrar e seguir essa lei.

Se, por um lado, esse processo pode ser doloroso, por outro, ele adquire dimensões libertadoras, porque nos coloca em harmonia com nossa inteireza e nos predispõe a também acolher e compreender o sofrimento do outro. E, se não formos capazes de acolher o sofrimento alheio, certamente é porque também não aceitamos os nossos próprios sofrimentos e permitimos que nossas feridas continuem abertas, à espera de cuidados.

De acordo com a psicologia analítica, a personalidade de cada um de nós é constituída por forças conscientes e inconscientes. A dimensão inconsciente inclui todos os aspectos que foram vividos e, por algum motivo, foram rejeitados, reprimidos e excluídos da consciência, e também os aspectos herdados, predisposições ancestrais, arquétipos que constituem o inconsciente coletivo. Embora não tenhamos consciência dessas situações, elas operam em nossa vida, muitas vezes de modo determinante. E atuam de tal modo que, mesmo não conseguindo explicar, podem definir nossas escolhas profissionais, nosso estilo de vida, os tipos de relacionamentos e família que constituímos etc.

Então, todo humano precisa estabelecer esse contato com a sua história de vida, acessando os conteúdos inconscientes, permitindo que venham à tona e sejam integrados de maneira consciente à sua existência. Isso significa entrar em contato com as próprias feridas para poder integrá-las à vida consciente. Embora seja vital, é um processo árduo, difícil, pois pressupõe aceitar-se como se é e compreender-se, para se livrar do domínio das forças inconscientes. Trata-se de assumir a si mesmo e a própria história como a mais nobre de todas as tarefas da vida, tornando-se consciente de tudo daquilo que se faz e vive, sem fechar os olhos para as próprias incongruências e dubiedades. Todo ser humano deve envidar todos os esforços para realizar-se como um ser íntegro

Tornar-se humano: uma vocação?

nesse caminho da vida, do contrário sua existência não passará de uma aventura sem sentido.

Não se pode recusar o convite da vida. Todos somos intimados a responder positivamente ao chamado à evolução. E nada há de mais forte no coração humano do que o desejo de se realizar como indivíduo, que é a realização da própria personalidade. Se nós não respondermos ao chamado, ficaremos estagnados na vida, como caminhantes errantes, perdidos na própria história porque perdemos a própria alma.

A esse processo evolutivo, que é natural e espontâneo, Jung denominou processo de individuação. Trata-se da geração de um *individuum* psicológico, o que significa uma unidade integrada, indivisível, total, ou seja, é o caminho de autoconhecimento, por meio do qual se estabelece um contato com o inconsciente pessoal e coletivo, para que, se conhecendo e expandindo a sua consciência, o indivíduo possa se apoderar da própria totalidade até se tornar o verdadeiro *Self* (*Si-mesmo*). A meta é o desenvolvimento da personalidade individual, aprofundando-se sempre mais na própria história, buscando o crescimento e amadurecimento contínuos, para que o ser humano seja absolutamente pleno. Isso significa que todo ser humano deve buscar, conscientemente, ser o que realmente é ou potencialmente está destinado a ser.

Assim, a individuação provocará uma separação do indivíduo da coletividade que o massifica. O condicionamento social leva-o à conformidade com os padrões e o afasta do caminho de si mesmo.

Esse movimento não deve ser entendido como uma ascese individualista; ao contrário, o ser humano que optar por esse caminho deverá tomar consciência de si mesmo e de sua interdependência com o todo. Como se trata da evolução da consciência – isto é, sair de um estado primitivo de identidade em direção a patamares mais avançados e profundos –, cada indivíduo que trilha essa estrada contribui com a evolução do próprio mundo. Como processo, não se trata de considerar-se perfeito, mas, sobretudo, de um constante estar a caminho na busca da realização consciente de todas as possibilidades e potencialidades presentes (e latentes) no ser humano.

Desse modo, a trajetória humana, assim entendida, contribuirá para que o indivíduo perceba a amplitude da sua personalidade, a profundidade de si mesmo e até onde podem chegar as suas potencialidades. Isso significa tornar-se um ser único, singular, visto que a individualidade é um padrão especificamente humano e incomparável, só que temos vivido sem consciência desse fato.

Nessa caminhada podemos afirmar que, quanto mais nos conhecermos e assumirmos nossa inteireza, menos nos compararemos e competiremos com os outros; mais assumiremos nossa singularidade e reconheceremos a singularidade dos demais; e abriremos, assim, a possibilidade da relação fraterna. Todos nós carregamos o arquétipo do ser fraterno, que precisa ser desenvolvido, porque nenhum de nós nasceu para caminhar solitário. Ao contrário, nascemos para a convivência, para a relação, e só nos realizamos como humanos na relação, na coexistência fraterna.

Quanto mais avançamos no tempo, mais insistente e profundo é esse chamado. Se até a juventude o mundo nos chama a desenvolver o ego em direção ao ambiente exterior, à medida que amadurecemos o convite é para o mergulho no interior, na direção do inconsciente, para saber quem somos nós de verdade. E o que de melhor podemos fazer pelos nossos relacionamentos interpessoais é investir em nosso autoconhecimento porque, à medida que nos conhecermos, seremos mais compreensivos e solidários com o outro.

Constatamos que, ao voltar-se mais para o ambiente externo – enfatizando a extroversão, desenvolvendo a técnica e a ciência e todos os seus benefícios –, o ser humano negligenciou a introspecção e não soube desenvolver a sabedoria que evitaria os malefícios das próprias invenções. Com sua ambição, tantas vezes desmedida, investe muito mais em satisfazer os desejos superficiais, passíveis de nele desenvolver patologias, e se esquece de procurar saciar sua sede mais profunda... Quantos recursos, quanta inteligência, quanta criatividade! Mas, ao mesmo tempo, tantos males: armas de destruição, bombas, misérias, doenças e mortes injustas. Obras (des)humanas!

Está evidente para todos nós, hoje, que somente a sabedoria proporcionará a vida plena, a sociedade mais justa e fraterna a que todos aspiramos. Claro está, igualmente, que não se atinge esse estágio senão pelo caminho da espiritualidade. Sem dúvida alguma, podemos afirmar que grande parte dos males que a humanidade hoje sofre tem origem no fato de o homem ter abandonado a sua dimensão espiritual.

Realmente, ao desprezar essa dimensão inerente ao humano, que é o sentido da transcendência, criou-se um imenso vazio, um vazio estéril, gerador dos problemas que todos vivemos no planeta. Todo ser humano tem sede do transcendente. Só o transcendente é capaz de preencher o vazio do coração humano. As questões que mais o inquietam são as mesmas que o movem a dar um significado e a buscar uma sustentação para a sua existência: qual é o sentido da vida? Quem sou eu? De onde vim? Para onde irei? Perguntas inquietantes que desestabilizam e levam as pessoas, em todos os tempos e lugares do mundo, a procurar uma resposta. Essa força mobilizadora é própria do espírito, porque, na verdade, o ser humano é um ser espiritual que caminha em busca do elo primordial, da sua essência.

Jung chegou a afirmar que o homem tem o instinto de Deus e, na autobiografia (2002), comentou que todos os seus pensamentos giravam em torno dEle, como os planetas giram em torno do Sol. Analisava esse aspecto na perspectiva psicológica, entendendo ser a espiritualidade uma dimensão natural da psique. Nessa perspectiva, Deus seria o fator psíquico avassalador, com poder supremo sobre a psique. Quando deixa de ser esse fator, passa a ser um simples nome, como aconteceu com os deuses do Olimpo.

Assim, a abordagem junguiana não relaciona a espiritualidade à confissão religiosa, mas à experiência do numinoso. Ela define o termo como "a propriedade de um objeto visível, ou o influxo de uma presença invisível, que produzem uma modificação especial na consciência" (Jung, v. XI/I § 6).

Segundo o Dalai Lama (2005), a espiritualidade é tudo aquilo que produz no ser humano uma mudança interior, o que pressupõe transformação do coração e da mente, a fim de deixar transparecer o "humano" ou o supra-humano, de modo que transcenda ao imanente, transformando, a partir das atitudes, também o exterior.

Não é nenhum absurdo afirmar que, no estado de desequilíbrio em que vivemos, buscar e encontrar o equilíbrio interior pode ser considerado um grande passo; esse passo, entretanto, será apenas uma etapa na evolução humana. E essa evolução é uma evolução espiritual. De algum modo, pode-se afirmar que as descobertas de Jung lhe permitiram servir-se da análise da psique como meio de retorno ao espírito, visto que, para ele, não é possível chegar à harmonia do ser (*Self*) sem tomar consciência dos valores espirituais e sem um retorno a eles.

Assim, Winckel comenta:

> ...Não sem razão que o processo de individuação é comparado às iniciações espirituais de todos os tempos e mesmo à experiência religiosa, e a experiência religiosa se torna uma necessidade essencial, indispensável ao equilíbrio do ser. (Winckel, 1999, p. 39)

Isto é, o processo de individuação, que possibilita ao homem tornar-se o ser que realmente é, corrobora a afirmação de que também o caminho espiritual conduz o homem à sua plena realização.

No volume XI/I de sua obra, Jung afirma que a aventura espiritual do nosso tempo consiste na entrega da consciência humana ao indeterminado e indeterminável. Entendendo-se o ser humano como um ser histórico que se constrói, como um devir, uma possibilidade, esse vir a ser acontece nessa caminhada em direção à integração, à unidade, na qual a espiritualidade se configura como meio para desenvolver sua consciência de que é responsável por si mesmo e também pelos outros. Diante dos conflitos individuais e coletivos, dos quais o homem precisa se libertar para alcançar a sua essência, há que se trilhar o árduo caminho da transformação interior.

Em seus estudos, Jung afirmou categoricamente que não se resolvem tais problemas por meio de mudanças estruturais e legislações, tampouco com reuniões de massa (como tantos tentam hoje) e propagandas maciças e, menos ainda, com revoluções violentas. Toda transformação começa eminentemente no interior de cada indivíduo. Somente assim é possível modificar as atitudes, as percepções e concepções de vida e dos valores, para produzir uma transformação coletiva.

De alguma forma, deverá o ser humano encontrar seu caminho para tornar-se o que é. O dualismo que marcou a história humana e a fragmentação promovida pelo paradigma analítico ergueram grandes obstáculos para que o homem descubra sua inteireza. Ignorar que o caminho espiritual seja, indubitavelmente, um caminho propício para esse encontro consigo mesmo é fechar-se diante das imensas e inúmeras possibilidades humanas.

A despeito de todas as polêmicas provocadas por seu pensamento, Jung refletiu sobre o assunto e o aprofundou. Afirmou que, independentemente do que pensa o mundo a respeito da experiência religiosa, o indivíduo que a tem deve considerá-la um grande tesouro, pois se converte para ele em uma fonte de vida e um brilho à sua humanidade. E quem pode destituir-lhe esse valor? Qual é o critério para afirmar que tal experiência não tem valia? Com esse pressuposto, argumentou que, se uma experiência religiosa contribuir para tornar a vida mais bela, mais significativa, mais plena, então terá sido uma "graça de Deus". Poderá ser chamada de experiência de Deus porque o indivíduo sofreu uma modificação profunda em sua vida, com relação a ele mesmo, com relação às demais pessoas e ao mundo, o que é muito mais que um mero conhecimento intelectual.

Nessa experiência – cuja origem etimológica (do grego *empeiria*) significa comprovar, testar o objeto em todos os seus sentidos –, o ser humano encontra uma inesgotável fonte de energia psíquica, essencial para o desenvolvimento de sua personalidade, porque experimentar Deus quer dizer encontrar o sentido absoluto, radical, único da vida. É nesse momento, experimentado conscientemente, que cada indivíduo constata o significado último da sua vida.

Certamente, foi uma profunda e radical experiência de vida que levou Jung a afirmar que viver o mais plenamente possível a vontade divina, que ele percebia dentro de si – e relacionou com a experiência do *Self* –, era o que havia de mais importante e significativo, a tal ponto que não havia tempo para mais nenhuma outra coisa.

Desse modo, não se pode entender essa dimensão de maneira reducionista, enquadrando-a na mesma categoria de religiosidade. São dimensões distintas; a religião deve incluir a própria espiritualidade, mas são elementos diferenciados. A espiritualidade requer uma predisposição para se relacionar com o Sagrado e com todos os demais seres, de modo que toda a existência se estrutura por meio dessa dimensão.

Assim é que entendo a espiritualidade: como forma de viver, de estar no mundo. Assim, toda a vida humana fica comprometida, em todas as suas dimensões e esferas de atuação. A espiritualidade, se genuína, deve fundamentar todas as ações humanas e expandir a consciência para uma fraternidade universal, fazendo com que o humano se irmane com o transcendente, com os seus iguais e diferentes, e com todos os seres que contêm, em si, a mesma essência primordial.

Por não estar vivendo plenamente sua dimensão espiritual, o ser humano está mutilado e provocando tanto sofrimento a seus semelhantes e ao planeta. Diante do caos instalado – que aparece no hedonismo e consumismo desenfreados, na violência, no consumo de drogas e no absurdo índice de suicídios, na depressão e síndrome do pânico, entre outros aspectos –, já podem também ser enumerados indicadores de que a humanidade, não suportando mais, tenta recuperar o contato com o divino: o misticismo, a busca da religião e do sentido de viver, a intensa procura por melhores condições e qualidade de vida.

É a sede humana pelo sentido, pela transcendência – que muitos ainda se recusam a admitir –, que aparece de diversos modos como sinal de que a busca humana pode nos levar de volta ao caminho. Creio que, por isso, quando olhava o mundo, o sábio psicólogo assegurava que, em uma sociedade tão massificada a ponto de o homem ser reduzido a uma unidade econômica, a busca da individuação surgia como o único valor capaz de fazer sentido.

Para aprofundar um pouco mais a proposição junguiana, é importante compreender alguns dos conceitos por ela utilizados, para que se possa perceber melhor a praticidade da sua teoria na vida de cada um de nós.

Autoliderança: uma jornada espiritual

PARA REFLETIR E AGIR

O que você sabe sobre sua ancestralidade?
Que valores você herdou e cultiva em sua vida?
O que você mais gosta em sua história?
E do que não gosta? O que você pode fazer para aceitar e integrar essa parte que rejeita?
Como você entende a espiritualidade? Você tem alguma prática espiritual? Caso tenha, como isso o(a) ajuda?

Capítulo
3

Inconsciente
coletivo e arquétipos

> A maioria de nossas dificuldades provém
> de perdermos o contato com os nossos instintos,
> com a antiquíssima e não esquecida
> sabedoria armazenada em todos nós.
> **C. G. JUNG**

A grande novidade trazida por Jung em sua psicologia e que se tornou um dos seus principais diferenciais é o conceito do inconsciente coletivo. Este foi definido como a camada mais profunda do inconsciente pessoal e que não foi adquirida pela experiência pessoal, mas, ao contrário, é inata ao ser humano.

Assim como cada um de nós tem uma anatomia comum, embora cada qual com as próprias singularidades físicas, também temos uma espécie de estrutura psíquica comum, não obstante as diferenças de personalidade. É desse modo que chegamos neste mundo: com uma estrutura psicológica herdada e transpessoal, não com uma psique em branco, uma tábula rasa na qual posteriormente serão registrados os caracteres. A essa parte mais profunda da psique, Jung atribuiu o nome "coletiva", porque se trata de um inconsciente universal, suprapessoal e diverso da psique individual.

Embora o inconsciente pessoal contenha os elementos que foram reprimidos e/ou esquecidos e percepções subliminares – fatos que fazem parte da experiência vivida por todos nós –, ele, em si, não esgota toda a natureza do inconsciente. Há outra esfera, vastíssima e muito mais profunda, que conhece o ser humano em sua essência, como ele sempre foi, e não como é neste exato momento. Conhece-o como mito. Ou seja, trata-se de uma expansão do ser humano para além de si mesmo.

Essa dimensão da psique originou-se, segundo Jung, há cerca de dois milhões de anos, quando o homem surgiu na Terra, e, desde então, esse velho homem nos habita e se manifesta a nós por meio dos sonhos, indicando o caminho que devemos trilhar como indivíduo. Cada um de nós carrega, assim, toda a história da humanidade. Então, cada ser humano que nasce já chega a este mundo com o cérebro totalmente equipado, com a mente precondicionada para reagir ao mundo exterior, tendo já a sua capacidade para o fazer – o que, ao longo do tempo, vai se desenvolvendo.

Em seus estudos, Jung chegou à conclusão de que, na verdade, a psique existe bem antes da consciência; tudo já está presente na mente do recém-nascido como uma potencialidade ainda inconsciente.

Como analisou, se o comportamento de aves e insetos obedece a determinado padrão, não é diferente com o ser humano. E é precisamente esse padrão que o torna humano, e nenhum indivíduo nasce sem ele. Entretanto, todos estamos inconscientes dessa verdade, vivendo apenas pelos sentidos e fora de nós mesmos.

O inconsciente coletivo é constituído por conteúdos – modos de comportamento – considerados universais, isto é, presentes em todas as culturas de todos os tempos e lugares, e que se repetem – de forma idêntica – em todas as pessoas. A esses conteúdos Jung chamou arquétipos, por se tratar de imagens primordiais existentes desde os tempos mais remotos da humanidade. Foram definidos por ele como sistemas de prontidão que reúnem, ao mesmo tempo, imagens e emoções hereditárias, como a própria estrutura cerebral; agem como o aspecto psíquico do cérebro. Assim, eles representam um conteúdo inconsciente que é reproduzido ao longo do tempo, sem que sobre ele haja uma elaboração consciente, e, portanto, podemos afirmar que existem tantos arquétipos quanto situações típicas na vida humana.

Compreende-se o arquétipo, então, como espécie de instinto psicológico, uma tendência inata presente na psique. Essa tendência ou esse padrão de comportamento é que nos predispõe a reagir de forma padronizada diante de determinadas situações, imagens e temas.

Jung assim explica que estaremos mais próximos da verdade se compreendermos que a nossa psique consciente pessoal está assentada sobre uma imensa base psíquica que é inconsciente, universal e herdada por todo indivíduo. Simplificando: a relação da psique pessoal com a coletiva é comparável com a relação entre o indivíduo e a sociedade. Assim como o indivíduo não é somente um ser singular e isolado, mas um ser social, a psique também deve ser entendida não somente em sua singularidade mas também como fenômeno coletivo.

Há, porém, outra dimensão especificamente individual e mais superficial que foi por ele denominada inconsciente pessoal, cujo conteúdo está relacionado às experiências e aos complexos de caráter emocional.

O ego é um complexo que está no centro da consciência e que inclui a personalidade empírica do indivíduo, com todos os seus atos conscientes. É um dos principais arquétipos da personalidade. Como um fator consciente, até poderia ser descrito, mas jamais encerraria a personalidade de um indivíduo, visto que a sua "porção maior", que é o inconsciente, lhe é desconhecida. É ele que dá uma direção a nossa vida consciente e tende a buscar o equilíbrio quando a consciência se sente ameaçada. Por sua importância, chegamos a ignorar a outra metade, que é o inconsciente, do qual ele emerge. Em seu conteúdo, encontram-se as experiências e memórias derivadas da história pessoal, da experiência que cada pessoa tem de si mesma, como se fosse um espelho, no qual a psique se enxerga para se tornar consciente. Portanto, não há no ego conteúdo inconsciente.

É ele, o ego, o fator determinante para distinguir um ser humano de outro. Para Stein (1998), ele é o agente individualizante na consciência humana, o que significa a possibilidade de fazer escolhas, de se desenvolver uma conduta consciente. Considera-se que um indivíduo tem um ego forte quando é capaz de, deliberadamente, obter e movimentar os conteúdos conscientes; por outro lado, será chamado de ego fraco quando não for capaz dessas realizações e sucumbir facilmente a impulsos e reações emocionais. Por não ter consciência de si, também não tem foco e consistência em suas motivações.

Ao compreender a personalidade humana constituída pelas dimensões consciente e inconsciente, Jung atribuiu ao ego a propriedade de ser o centro da consciência e ao *Self (Si-mesmo)*, o centro da totalidade. Dessa maneira, o ego subordina-se ao *Self*, como a parte está para o todo. E, dessa maneira, pode-se afirmar que apenas há livre-arbítrio no campo da consciência; no entanto, ele pode ser contingenciado pelas forças inconscientes.

A nossa inconsciência nos impede, muitas vezes, de perceber as inúmeras possibilidades que existem em nossa vida, pois ficamos tão presos aos padrões da consciência e da exterioridade que vivemos de maneira limitada.

E sabemos que a maior parte das pessoas vive de maneira inconsciente, isto é, não conhece as suas possibilidades nem o sentido da vida, e passa a existência na hipertrofia do ego e nas doenças que gera para si mesma porque é incapaz de dar um significado à própria história. Visto que a qualidade de vida também está diretamente relacionada à consciência que temos de nós mesmos, se o indivíduo vivesse de forma mais consciente e soubesse dar um significado aos acontecimentos, ele reduziria ou anularia a possibilidade do surgimento de doenças causadas por distúrbios emocionais. Se expandirmos nossa consciência e conseguirmos captar ao menos uma parcela de nosso inesgotável potencial, certamente nossa existência será muito mais saudável.

Por viver de maneira inconsciente, o indivíduo se torna presa fácil das influências do ambiente externo e interno, facilmente manipulável, controlável e desconectado das suas raízes mais profundas.

Inconsciente coletivo e arquétipos

O inconsciente coletivo, que funciona como um grande pano de fundo sobre o qual a função consciente se instala e se destaca, também contém todos os motivos mitológicos que surgiram na história da humanidade, em todo o mundo. E tudo isso tem uma fortíssima influência sobre nós. Os povos primitivos entendiam tais influências como fenômenos do espírito, bruxaria, que nós denominamos superstição. Entretanto, como Jung percebeu, o que difere é apenas a teoria. Se eles se sentiam ameaçados pelos espíritos maus, nós também sofremos as ameaças de muitos "demônios", como as doenças, as inseguranças, a morte; se estavam sujeitos às bruxarias dos inimigos, somos "encantados" por outras "poções" e "magias", emanadas por acontecimentos e pessoas. Enfim, mudaram-se os nomes e passamos a acreditar que isso bastaria para modificar os fenômenos.

Para que penetremos na dimensão do inconsciente, é preciso que fiquemos atentos à sua linguagem: o inconsciente se comunica por meio de símbolos e imagens, e não distingue o real – no sentido de sensorial – do imaginário. Tudo é real para a mente. Se o simbolismo é a linguagem, e a razão não é suficiente para interpretá-la, é preciso desenvolver a intuição.

Aprofundando-se na linguagem do inconsciente e na função criadora do símbolo, Jung compreendeu que essa é uma função compensatória e natural, uma vez que os desejos, as emoções, os pensamentos e as tendências passíveis de interferir na vida racional são dela excluídos e vão para o inconsciente. Este, por sua vez, vai reunindo tudo o que foi reprimido, recalcado, desvalorizado ou ignorado. Com o passar do tempo, isso tudo começa a exercer influência sobre o consciente. Somam-se a esse conteúdo forças criativas, instinto e intuição, imagens primordiais que não só se opõem à consciência, mas a complementam e compensam, contribuindo para conduzir o indivíduo para novos caminhos e evitando a unilateralidade que o entorpece.

Ao abrir-se para essa realidade mais ampla, o indivíduo vai se dando conta de que o ego não é o centro de sua personalidade, mas, sim, o *Self*, que atua como uma poderosa fonte de energia, de motivação, como a imensa força que aglutina o consciente e o inconsciente para conduzir o ser à sua plenitude.

Todos sabemos que, como já foi afirmado anteriormente, isso é um processo contínuo. À medida que cada um de nós vai integrando os conteúdos, antes inconscientes, à consciência, mais próximo estará do Si-mesmo. Não se chega ao *Self*; caminha-se em sua direção. Para ele convergem o consciente e o inconsciente; é ele que atrai os opostos que nos habitam, para que se harmonizem e cada um encontre o seu equilíbrio. Estar em equilíbrio é estar em harmonia consigo mesmo, o que implica estar em harmonia com os demais e com o Universo.

Quanto mais ampliamos a consciência a nosso respeito, integrando o que estava submerso no inconsciente, mais amplos se tornam nossos horizontes. Para isso, importa conhecer os grandes arquétipos que Jung estudou.

PARA REFLETIR E AGIR

"De alguma forma, deverá o ser humano encontrar o seu caminho para tornar-se o que é."

Cada pessoa é chamada a se realizar plenamente como ser humano. Como você está respondendo a esse chamado?
Você está se realizando com o caminho que escolheu? De que forma?
Se não, o que você pode fazer para mudar e encontrar o seu caminho?
De que modo a espiritualidade pode guiá-lo(a) no caminho e ajudá-lo(a) em sua realização?
Como você não quer ser lembrado(a) pelas pessoas com quem convive?
Como você quer que as pessoas se lembrem de você?
Qual é o legado que pretende deixar na vida das pessoas, na organização em que trabalha e na sociedade?
Agora, reflita sobre as suas respostas e procure transformá-las em um texto único de, no máximo, dez linhas e que será a sua MISSÃO DE VIDA. Por que você está aqui na Terra?

Inconsciente coletivo e arquétipos

atores inconscientes e inconsequentes

> Em benefício de uma imagem ideal,
> à qual o indivíduo aspira moldar-se,
> sacrifica-se muito de sua humanidade.
>
> ## C. G. JUNG

A palavra *Persona* é originária da Grécia antiga e refere-se à máscara que o ator usava e pela qual saía o som (*per sonare*) da sua interpretação nos diferentes papéis do teatro. A nossa "Persona", portanto, é a máscara que usamos, não no sentido da hipocrisia e falsidade, mas como um arquétipo de adaptação social. Representa nossos veículos, com os quais nos movemos e nos relacionamos na sociedade. Nesse sentido, ela é importante para o funcionamento das relações sociais.

Ao longo da vida, vamos aprendendo a nos comportar em cada ambiente, a suprimir em nós o que é considerado inaceitável e a vestir uma espécie de máscara psicológica para podermos participar da vida social. Essa máscara – *Persona* – que a sociedade nos força a usar por causa de suas expectativas a nosso respeito, serve para expressar o nosso papel social, mas também serve para esconder quem somos.

Entretanto, quando idealiza uma imagem à qual pretende se moldar, o indivíduo acaba por anular-se, sacrificando a sua individualidade. E, assim, ao pretender caracterizar-se como indivíduo, a *Persona* revela que é, na verdade e sobretudo, uma máscara da psique coletiva. Ou seja, ela aparenta uma individualidade, mas não passa de um papel representativo das expectativas da sociedade. Ela é uma aparência escondendo uma essência, e o que acontece, frequentemente, é que o indivíduo acaba por identificar-se com a máscara. Essa identificação muitas vezes é de tal ordem que o indivíduo não sabe mais viver sem ela. Ele é a máscara. E o grande perigo é não ter consciência disso. A máscara inconsciente camufla o verdadeiro ser. Ela não passa de um recorte da psique coletiva, aparentando uma individualidade, procurando até mesmo convencer os outros e a si mesma da sua individualidade quando não passa de uma representação daquilo que a psique coletiva definiu como deve ser. Ela nada tem de real; é apenas um compromisso entre indivíduo e sociedade, reduzido em seus papéis.

Como é constituída por conteúdos advindos da coletividade, quanto mais o eu consciente estiver identificado com essa *Persona*, tanto mais ele será aquele que aparenta, perdendo a própria individualidade: sua psique será totalmente reprodução do coletivo. Desse modo, ela representa o máximo de adaptação à sociedade e o mínimo de adaptação à própria individualidade.

Nesta sociedade, organizada sobre uma estrutura patriarcal e, a partir do século XVIII, também burguesa, o modelo de consciência coletiva se desenvolveu em torno da relação poder–submissão. Nesse universo, emergem alguns fatores determinantes para o comportamento masculino, expressos em termos de expectativas, de papéis e definições sobre o que significa ser homem, que infligem em sua alma uma opressão tal que o obriga a comportar-se de acordo com os padrões coletivos, anulando-se e sufocando a sua individualidade.

Desde que nascemos, recebemos uma carga de expectativas dos nossos pais, que vão determinando nossos papéis. Nosso ego vai se formando, inicialmente, para atender a essas expectativas e receber a aprovação dos pais e da comunidade. Mas, ao longo da vida, é necessário que se faça uma distinção entre o nosso ego e os papéis que assumimos. Embora tenhamos de levar em conta os padrões e as expectativas definidos pela sociedade, não podemos confundir nossa identidade com nossos papéis. A caracterização da *Persona* se torna as extremamente forte no mundo do trabalho, definindo de tal modo o comportamento que todos vão se igualando na massa. Assim é que ser bem-sucedido está mais relacionado à capacidade de impressionar, de fazer o "marketing pessoal", de ser competitivo, de como se vestir, dos lugares que frequenta etc. Isso muitas vezes vale mais que o caráter, mais que ser singular.

Todos nós precisamos ter consciência de que cada um utiliza as vestes para proteção e aparência, mas sabendo também que, quando quiser, pode trocá-las por outras mais confortáveis, mais apropriadas, e, até mesmo, ficar nu em outros momentos. No entanto, se as vestes – que são representacionais – grudam em nosso corpo e até teimam em substituir a nossa pele, muito provavelmente nós adoeceremos.

Essa carga opressiva sobre o indivíduo também se manifesta em outra emoção negativa, que regula o comportamento das pessoas desde tempos imemoriais, definindo atitudes, estabelecendo regras, ditando procedimentos. Do nascer ao morrer, o ser humano age e reage em função do medo. A criança, desde a primeira infância, tem seus medos embasados na própria biologia e manifesta-os pelo choro. O sentimento evolui conforme a idade, e o indivíduo vai relacionando-o com manifestações da natureza, catástrofes e bruxas que povoam o seu imaginário. Na adolescência, o temor refere-se ao ridículo, à questão dos conflitos familiares e à aceitação social. Amadurece temendo o mercado de trabalho, o fracasso nos próprios compromissos pessoais e profissionais e, sobretudo, o medo de não corresponder às expectativas, e, por fim, teme a inexorabilidade do tempo que chega, trazendo problemas para a saúde e incertezas.

Também cresce o medo do outro. O medo do contágio, o medo do relacionamento. O medo do estranho e do diferente, que passam a ser fonte de perigo. Entre tantos medos, um se destaca como patológico: o medo de si mesmo – medo de não corresponder às expectativas do coletivo e de ser humilhado por reconhecer as próprias fragilidades e seus medos. Para provar que não tem medo do outro e que é capaz de corresponder às expectativas do coletivo, o outro passa a ser visto como um adversário que precisa ser destruído, e não como um igual, como um irmão. E sabe-se que esse medo é um campo fértil para paralisar a evolução, para o desempenho medíocre, para os baixos resultados no trabalho.

Hollis (2004) disse que o homem se liberta à medida que começa a se relacionar diretamente com os seus medos; liberta-se para se tornar o homem que deseja ser quando decide vencer os próprios medos. Para curar-se, é preciso que ele assuma que sente medo e deixe de sentir vergonha desse sentimento, porque o que não compreendemos dentro de nós projetamos sobre os outros de tal modo que toda a sociedade fica impregnada pela Sombra que nela projetamos. Assim, passamos a ser controlados pelo que desconhecemos em nós.

Dessa forma, o indivíduo se anula em sua singularidade, em seus valores, para viver em conformidade com os valores da coletividade. Ao deixar de expressar a sua individualidade, passa a se comportar pelas convenções do coletivo. E assim se forma a *Persona* – a identificação com o papel social – e, com ela, surgem inúmeras neuroses. Aquele que se apresenta como um "homem forte" muitas vezes esconde uma criança frágil; a máscara de "poderoso" esconde o inseguro.

É fundamental que cada um de nós aprenda a discernir entre o que é essencial, o que é "ser" para si mesmo e "ser" para os outros. Para isso, precisamos nos conhecer e nos aceitar plenamente, como somos, a fim de que possamos desempenhar bem a função que nos cabe.

Inconsciente coletivo e arquétipos

Ao longo da história humana, o que se constituiu em termos de instintos, formas de pensamento e sentimento, foi produto do coletivo; é imensurável essa carga do coletivo sobre o individual, e por ser assim tão pesada é que o indivíduo pode desaparecer completamente. Usando as palavras de Jung,

> para descobrirmos o que é autenticamente individual em nós mesmos, torna-se necessária uma profunda reflexão; a primeira coisa a descobrirmos é quão difícil se mostra a descoberta da própria individualidade. (Jung, v. VII/2, § 242)

Essa é a primeira carga que pesa sobre os indivíduos: corresponder às expectativas que, ao longo dos séculos e em cada cultura, foram delineadas para ele, mas que, em geral, resumem-se em alienar-se e anular a individualidade para viver e manter o que exige o coletivo. O indivíduo se sacrifica, deixando a realização pessoal de lado, para dar vida ao mito, que, no caso do homem, significa trabalhar para ser o provedor da família e de quem mais lhe for incumbido sustentar, ser o guerreiro competidor, lutador e senhor de todas as coisas, e tantas outras características que o "mercado corporativo" passou a definir como fatores de competitividade, incluindo aí as preocupações que acarreta ter tal perfil.

Os modelos apresentados no mercado de trabalho e a força dos meios de comunicação social contribuem para forjar um "perfil" que seja vendável, que esteja na "moda" como padrão de sucesso, e corroboram para que a pessoa esqueça totalmente de ser feliz; importa mais o sucesso, a carreira profissional, do que o caminho da singularidade que leva à felicidade. Há uma grande massa na qual, cada vez mais, as pessoas se igualam nos padrões estabelecidos.

Quando esse fenômeno acontece, isto é, o papel social prevalece sobre a individualidade, o resultado pode ser uma grande inflação do ego, visto que o papel que representa se destaca, e a pessoa se esquece de que é humana e se torna apenas um papel.

Nesse papel a ser desempenhado, também não há espaço para demonstrar a emoção e, tampouco, as expressões de afeto que podem significar vulnerabilidade. Nessa grande arena, o indivíduo é instado todos os dias a combater, demonstrando força, ou melhor, que é mais forte que o outro, vivendo tensionado e humilhado pelas próprias forças que o arrastam, impedindo-o de saber sequer quem é ele mesmo.

Desse modo, vive o homem na superficialidade dos seus papéis, incapaz de responder quem ele é, o que sente como homem, porque entende apenas do que deve fazer segundo os padrões coletivos, como pai, marido, profissional, macho etc., tornando-se escravo desses papéis. Ainda que sejam papéis honrados, eles não são o homem na sua inteireza, individualidade e dignidade.

Importa, então, que se tome consciência de si mesmo, da *Persona* investida e da Sombra presente, integrando-a, porque, do contrário, o que não for assimilado será projetado sobre os outros ou vazará por meio de um comportamento perigoso.

Na verdade, mais que humilhado pelos outros homens e pelas mulheres, esse homem é humilhado por si mesmo. Como não suporta a ideia de se sentir frágil, ou de ser percebido como um fraco, um ser vulnerável, ele silencia na sua dor; investido da *Persona*, muitas vezes ataca e faz os outros sofrerem, tentando esconder a si mesmo com um pretenso autoritarismo, ou outras formas de demonstração de força e poder, que, de acordo com os parâmetros coletivos, sugerem masculinidade.

Ao se submeter a um comportamento imposto pelo coletivo, oprimido pelas expectativas que sobre ele recaem e pelo papel que lhe é exigido viver, o homem, assim humilhado, degrada-se e passa também a destruir.

Muitos homens escondem tais emoções atrás de um modo *workaholic* de ser, trabalhando até a exaustão. Outros se refugiam nas drogas, ou tentam se esconder de si mesmos atrás da máscara truculenta do autoritarismo e em muitas outras formas patológicas de viver, até que uma força vulcânica os derruba por meio de inúmeras doenças e do estresse.

Como não consegue dar um significado à sua dor nem compreender os sinais do seu corpo que lhe exigem atenção, o homem permanece preso a seu ferimento, o que não lhe possibilita crescimento, transformação e sabedoria; a dor que não tem sentido é a que mais faz sofrer e mata. Sua inconsciência a respeito dos próprios traumas, das suas feridas, faz com que mantenha sua dor, muitas vezes cultivando-a quando fere os que ama e aqueles que com ele convivem.

Para se libertar do sofrimento, é preciso que o homem o acolha, tome consciência, reconheça as próprias feridas, "tome a sua cruz" e a transforme, dando-lhe um sentido que lhe traga a cura para si mesmo e também para o seu entorno, pois, uma vez curado, curará o mundo.

Como Hollis tão bem expressa:

> Se as imagens que governam, consciente e inconscientemente, nossa vida só podem ser analisadas e resolvidas com o sofrimento particular e individual, a crescente capacidade dos homens de confessarem sua dor e sua raiva, de conversarem cada vez mais uns com os outros, também ajudará a curar as feridas do mundo. (Hollis, 2004, p. 12)

Autoliderança: uma jornada espiritual

O desnudar-se
da *Persona*

> De que, então, podes gloriar-te? Mesmo que fosses tão arguto e sábio a ponto de possuíres toda a ciência, saberes interpretar toda espécie de línguas e perscrutares engenhosamente as coisas celestiais, nunca deverias gabar-te de tudo isso (...) Do mesmo modo, se fosses mais belo e mais rico que todos, e até operasses maravilhas e afugentasses os demônios, tudo isso seria estranho a ti, nem te pertenceria, nem disso te poderias desvanecer.
>
> **FRANCISCO DE ASSIS**

Creio que a vida de Francisco de Assis explicita com muita clareza o arquétipo da *Persona* e o seu desvencilhamento. Nesse processo, Francisco nos ajuda apontando-nos o caminho da singularidade, da busca da realização do Ser; curando-nos a nós mesmos contribuiremos para a cura da sociedade e, no caso específico dos líderes, para a cura das organizações.

Ao evocar Francisco de Assis como alguém que, por meio de uma espiritualidade singular, viveu de maneira esplêndida o processo de individuação, deixando-nos lições de vida e liderança, é preciso ressaltar que, como todo humano, ele é filho de determinada época e cultura, e esses aspectos precisam ser considerados. Ele nasceu entre 1181 e 1182 (não há uma data precisa) e morreu em 3 de outubro de 1226.

Entretanto, seus valores essenciais eternizaram-se, não obstante a época em que viveu; assim como as etapas do processo de individuação são sempre as mesmas. E são essas as questões que considero relevantes para efeito deste livro.

Aos poucos, na sua juventude, Francisco foi deixando de ser o filho de Pedro Bernardone, submetido às condições de seu tempo, para se tornar a figura que hoje é conhecida em todos os continentes.

Filho de uma classe média emergente, Francisco experimentou, pelo lado paterno, a força dos valores materiais e das exigências da sociedade medieval para os jovens que buscavam a ascensão. De sua mãe, recebeu toda a influência sobre os valores espirituais. Ele precisou adaptar-se, e o fez definindo-se como filho de um novo-rico, vestindo-se bem e vivendo em meio aos entretenimentos de sua época, como outros tantos jovens, almejando tornar-se um nobre cavalheiro e também evitando os leprosos, indigentes e excluídos do sistema capitalista nascente.

Nesse mundo, vivendo como um jovem ambicioso, galante e bem relacionado, participou intensamente de tudo o que lhe era possível, chegando a fazer parte da tropa da Quarta Cruzada. Observa-se, no cantor das ruas de Assis, no comportamento do jovem rico e aspirante à nobreza, parte da *Persona*.

A *Persona* de Francisco era a maneira que ele encontrou para relacionar-se com seu pai, seus amigos e a sociedade, assim como para compreender a si mesmo. Era essa a sua garantia de sucesso e a sua base de autoconfiança.

No entanto, por ocasião da expedição da Quarta Cruzada, sofreu um longo período de depressão. A depressão, em geral, sinaliza por parte do inconsciente que o caminho de adaptação para a vida está nos forçando a negar nossa única realidade. Nesse período, ele foi cuidado pela mãe, que representava valores opostos aos de seu pai. Francisco tinha de enfatizar o lado masculino de sua natureza, enquanto estava se tornando um homem, mas necessitava do lado feminino, experimentado por meio de sua mãe, para poder embarcar no processo de individuação.

Certamente, tudo o que soube e presenciou durante a guerra civil ocorrida entre as cidades de Assis e Perugia, e mais o longo período de reclusão, contribuiu para o enfraquecimento daquela *Persona* e lhe abriu a mente para um novo jeito de pensar. Seus biógrafos viram a mão de Deus nesses eventos; Jung diria que a propensão para o encontro com o *Self* também se manifestou nesses acontecimentos.

Durante algum tempo, Francisco fugiu de seu pai, escondendo-se próximo da capela de São Damião. E esse esconderijo testemunhou seu processo de transformação. De algum modo, todos precisam de um espaço sagrado onde se processe a transformação interior. Trata-se do local onde a velha *Persona* morre e o ego entra em contato com seus valores inconscientes. É um espaço de morte e renascimento, onde se adquirem as forças para vencer os obstáculos da jornada. Certamente, nesse período, Francisco encontrou as forças necessárias para confrontar-se com seu pai.

Há um episódio marcante em sua vida que caracteriza, exemplarmente, o processo de transformação dos valores da *Persona* do filho de mercador e aspirante a cavalheiro, nos valores de sua autêntica personalidade e vocação.

Por não concordar com o estilo de vida que ele vinha adotando, como o "desperdício do seu dinheiro com os pobres, desprezo pelos bens terrenos etc.", seu pai lhe impôs intensa perseguição e exigiu sua presença diante do bispo da cidade, para que renunciasse à própria herança e lhe devolvesse tudo o que possuía.

Conta Celano, seu primeiro biógrafo, que Francisco não se recusou e, apressadamente, dirigiu-se ao encontro; sem que lhe pedissem nada, despiu-se imediatamente e entregou toda a roupa para o pai, ficando completamente nu diante de todos.

Parece-me que esse episódio é um marco decisivo na história de Francisco: o momento em que ele se livrou definitivamente da velha *Persona*, simbolizada pelas vestes devolvidas ao pai. Ao mesmo tempo, nasce um novo Francisco, com um novo Pai, com um novo jeito de se relacionar com o mundo. Sua *Persona*, que era usada como uma máscara que escondia sua natureza essencial, era agora um veículo para expressar seu relacionamento com o *Self*, que Jung chama de "Deus dentro de si". Agora, Francisco usa a nudez para expressar o novo relacionamento com Deus.

Uma nova consciência se fazia presente em Francisco. Ele estava certo da sua essência e da sua vocação, do seu propósito maior: o grande chamado para a vida plena, para a realização do ser. Porque ouviu as profundezas de si mesmo, ele tinha a convicção de seu compromisso com a vida, na sua dimensão mais plena e transcendente. Ele, agora nu, sabia que as leis que o regeriam não estavam fora dele, não eram as expectativas da sociedade, nem seriam mais "os outros" a determinarem seu comportamento; seria, sim, a escuta atenta da Voz que o chamava para ser ele mesmo, para a realização da sua essência.

Concordo com Graf Dürckheim quando diz que o indivíduo que despertou como discípulo já pode ser considerado uma nova categoria de ser humano, isto é, um ser humano que está a caminho do *Caminho*, porque já tem uma nova consciência que o levará, como sujeito da própria história, a construir sua jornada. Isso implica um grande mergulho interno para tomar consciência de si, dos seus valores, do que a vida em sua plenitude espera dele, e não mais dos apelos do mundo. Por isso, ele afirma:

> Só quando o ser humano se conceber como vida, em sua própria essência, e se tornar simultaneamente independente e consciente de sua missão de servidor da vida, então como ser humano ele conceberá também como senhor do mundo, como na verdade ele está destinado a ser em sua origem supratemporal. Só quando o ser humano abandona totalmente o que lhe

> foi condicionado pelo mundo é que o absoluto poderá beneficiá-lo. É muito natural que o ser humano esconda suas insuficiências das outras pessoas, mas só quando ele for capaz de ver-se despido e sem disfarces é que poderá surgir a pessoa que ele é de fato, sem inibições. (Dürckheim, 2001, p. 110)

Seguramente, esse é o momento da metanoia, da grande guinada na vida, e que envolve sacrifícios, mas, ao mesmo tempo, oferece uma nova vida, em que a inteireza do ser se faz cada vez mais presente. A certeza de que há uma essência – que, para Francisco, era o próprio Deus e, para Jung, é a força do *Self* – é que possibilita ao indivíduo ingressar nesse caminho.

E cada um pode, a qualquer momento e de diversos modos, iniciar essa jornada. O chamado sempre estará presente. Quem estiver atento escutará. Poderá, como Francisco, escutar os sinais da vida: um fracasso, uma reviravolta na história, uma inquietação... Enfim, a vida proporciona a todos infinitas possibilidades de realização, e cabe a nós aproveitá-las, sabendo que, para tornar-se integralmente humano e líder, será preciso desnudar-se, abandonar as velhas vestes da *Persona* e abrir-se ao absoluto e sempre novo que habita o âmago de cada um. Encontrar-se com a sua essência e buscar a sua transcendência é que permitirá ao indivíduo tornar-se humano: um ser consciente de suas responsabilidades diante da vida, maduro, seguro dos seus propósitos, convicto da sua humanidade e de sua transcendência. E somente humanos podem ser chamados de líderes.

Com certeza precisamos de coragem, de determinação, de firmeza de propósito. E também de humildade. E ser verdadeiramente humilde não significa não querer aparecer como se é realmente, mas aceitar aquilo que se é, superando as aparências.

Inconsciente coletivo e arquétipos

PARA REFLETIR E AGIR

"Há um grande risco de seguir o caminho fácil das convenções sociais e não escolher o próprio caminho... Os novos tempos exigem que cada um encontre o seu caminho singular... que cada um realize todas as suas potencialidades... o que requer profundo autoconhecimento."

◇◇

Como você se percebe, qual é a imagem que faz de si mesmo(a)?

E como as outras pessoas o(a) descrevem?

Quais são os seus principais talentos (dons que são naturais em você)? Um bom exercício é perguntar às pessoas que o(a) amam e o(a) conhecem há muito tempo (pais, familiares, amigos) quais são as qualidades que sempre perceberam em você.

E quais são as capacidades, habilidades que você vem desenvolvendo e que também caracterizam a sua singularidade?

O que o(a) faz vibrar e se sentir um ser humano pleno e feliz?

Quais são os três valores fundamentais em sua vida, dos quais você não abre mão por nada e por eles faria tudo? E o que cada um deles significa exatamente? E como esses valores o(a) ajudariam se você os praticasse efetivamente em todo o tempo?

Quais são as pessoas mais influentes em sua vida? (O que elas transmitem a você?)

Quem são as pessoas que você mais admira? Que qualidades elas apresentam que o fazem admirá-las?

Liste os diversos papéis que você exerce (pai/mãe, filho/filha, marido/mulher, irmão/irmã, líder/liderado, educador/educando, amigo/amiga, profissional, voluntário/a, religioso/a etc.). Em cada um desses papéis, responda conscientemente o quão satisfeito(a)/realizado(a) está (0 a 10, sendo 10 plenamente satisfeito).

O que você faz em cada um dos papéis para viver com autenticidade a sua essência ou até que ponto vive cada papel apenas para atender às convenções e expectativas dos outros?

Procure identificar em cada papel quais são as suas principais qualidades e como elas o(a) realizam. E avalie se está vivenciando de fato essas qualidades e se realizando como gostaria.

Quantos passos (pontos) você pode avançar para evoluir em cada papel? O que você pode efetivamente fazer?

85

Sombra: o portal da *transformação*

> Hoje, como em todas as épocas, é necessário que o homem não feche os olhos para o perigo do mal que está à espreita dentro dele mesmo.
>
> **C. G. JUNG**

Entre os arquétipos estudados por Jung, a *Sombra* se destaca, com a *Anima/Animus*, como o que mais frequentemente influencia ou perturba o eu, porque aparece com o conteúdo de toda a parte inconsciente da história do indivíduo, constituindo, em si, um problema de ordem moral a desafiar a personalidade do eu como um todo.

Como seu conteúdo é constituído de traços obscuros do caráter, que são de natureza emocional, e das nossas inferioridades, há uma grande resistência para aceitá-la. Ela pode ser entendida como uma subpersonalidade, que quer fazer aquilo que a *Persona* não permite.

Tudo o que foi rejeitado, negado, reprimido constitui a Sombra. Ela forma, pois, o centro do inconsciente pessoal, incluindo aqueles desejos, tendências, memórias e experiências que são rejeitados pelo indivíduo como incompatíveis com a *Persona* e contrários aos padrões e ideais sociais. Seja um aspecto positivo, seja negativo, se de algum modo deixou de ser vivido, passará a compor a Sombra e lá permanecerá como aquilo que não se gosta em si mesmo, que é feio, desagradável e que se procura esconder dos outros, porque é rejeitado pessoalmente. Ou seja, tanto o que foi censurado pela sociedade por ser imoral quanto quaisquer comportamentos e tendências que, em nossa história pessoal, não foram aprovados se refugiam na Sombra.

Inconsciente coletivo e arquétipos

Desse modo, o inconsciente pessoal registra todos os fatos, as emoções reprimidas e as percepções que não chegaram à consciência. Embora haja em seu conteúdo uma grande energia do inconsciente pessoal, a Sombra também se caracteriza como um arquétipo, pois sua essência é universal. Ninguém consegue ser totalmente consciente de todas as percepções, emoções e acontecimentos da própria história. A psique, de algum modo, nos alivia, selecionando entre os inúmeros acontecimentos e emoções de nossa vida o que pode se tornar consciente e o que ficará no inconsciente. Do contrário, provavelmente o ser humano não suportaria toda essa carga.

Assim, entende-se também que a Sombra não é algo que se pode escolher, dispensar, evitar ou ignorar. Ela simplesmente faz parte da vida, como faz parte do corpo cada membro. Só que ela não pode ser amputada, porque não se podem amputar os sentimentos, os desejos, as qualidades e os comportamentos que não nos foram permitidos viver, pelo simples fato de serem inaceitáveis pelas pessoas importantes de nossa vida ou pela sociedade a que pertencemos. Entretanto, como tudo o que está no inconsciente se manifesta de algum modo, a Sombra costuma se expressar na projeção que fazemos sobre outra pessoa.

Para Jung, a projeção é a forma pela qual o inconsciente tenta chegar ao consciente. Assim, aquilo que irresistivelmente nos atrai no outro certamente é uma projeção de todo o nosso potencial positivo, e, da mesma forma, o que nos provoca repugnância no outro é a projeção daquilo que está em nosso inconsciente como conteúdo negativo. Como se pode concluir, trata-se de uma transferência inconsciente, imperceptível e involuntária, de um conteúdo que é subjetivo para um objeto ou uma pessoa, no exterior.

Em geral, todas as vezes que reagimos emocional e exageradamente em relação a algum acontecimento ou pessoa, é sinal de que o inconsciente foi tocado, provocando uma manifestação da Sombra.

Igualmente, quando acentuadamente desprezamos alguém e nos revoltamos acidamente em relação a algum comportamento, decerto é a expressão inconsciente do nosso próprio desprezo e revolta com aquilo que está reprimido dentro de nós. Vemos no outro tudo o que desprezamos em nós mesmos, e isso impede que nos aproximemos desse outro, impede que estabeleçamos um relacionamento amigável e justamente com ele. Esse outro se torna insuportável porque ele representa para nós uma ameaça, representa aquilo que não suportamos em nós mesmos. E, ao mantê-lo afastado de nós, podemos ostentar uma boa imagem diante dos outros. Mas, ao reprimir o que consideramos inferior em nós mesmos, esse inferior se rebela.

Em geral, a Sombra pode se projetar de duas maneiras: uma, quando direcionamos para alguém o que inconscientemente não admitimos estar em nós; e outra, quando projetamos o mal coletivo em uma personificação, como em um "bode expiatório".

Somos afetados pela projeção de muitas maneiras e, inúmeras vezes, acabamos por fazer acontecer exatamente aquilo que projetamos, uma vez que a Sombra se apodera de nós e toda a sua energia fica canalizada: de tanto pensar que os outros nos perseguem, ou que nos tratam mal, acabamos por propiciar um ambiente favorável para que isso de fato ocorra.

Vivendo de maneira inconsciente, não percebemos que aquilo que não conhecemos a nosso respeito acaba por nos dominar e definir nossas atitudes. Nessa situação, acabamos por julgar ser o destino que nos causa tais acontecimentos, quando, na verdade, foram as nossas escolhas inconscientes. E, quanto menos consciente for a Sombra, mais ela dominará; do mesmo modo, quanto mais o indivíduo dela tomar consciência, maior será a possibilidade de corrigi-la.

É essa a razão pela qual o confronto com a Sombra é crucial quando se pretende, conscientemente, ingressar no caminho da autorrealização. Para tomar consciência de si mesmo, é preciso penetrar na própria escuridão e identificar os conteúdos que lá ficaram, e que atuam sobre o nosso destino, sem que deles tenhamos consciência. Ela é o portal pelo qual todos que quiserem trilhar o caminho da individuação devem passar. Porque, nesse caminhar, todos nós precisamos nos ver como realmente somos, e não como pretendemos ou presumimos ser, o que implica reconhecer aquela parte que nos recusamos a enxergar em nós mesmos.

Então, não há outro caminho senão enfrentar e aceitar a própria Sombra. Torná-la consciente significa libertar-se do seu domínio e assumi-la como parte da nossa natureza, não somente como força negativa da psique mas também como força criativa, energia instintiva e vital.

A Sombra é o portal estreito pelo qual temos de passar se quisermos encontrar o *Self*, a autorrealização. Trata-se, no entanto, de um caminho doloroso, porque significa visitar aquelas experiências que um dia nos machucaram e que, por isso, foram lançadas no inconsciente. E isso gera muitas resistências. Mas, se quisermos saber quem somos, temos de enveredar por esse caminho.

A experiência nos mostra que é muito difícil reconhecer nossa hostilidade, nosso desprezo e outros sentimentos destrutivos em relação aos outros. Mas esse deve ser o primeiro grande passo a ser dado por todos nós se quisermos cooperar com o processo de individuação. Como Jung (v. IX/1, 2001) observou, todos nós carregamos internamente nosso passado mais primitivo, do qual só é possível nos libertar com um imenso esforço, pelo qual a personalidade consciente e a Sombra encontrem um espaço de convivência.

A integração da *Sombra*

> Justamente o que antes me parecia amargo
> se me converteu em doçura da alma e do corpo.
>
> **FRANCISCO DE ASSIS**

Quando empreendemos esse esforço e aprendemos a integrar a Sombra, isto é, a tornamos consciente, nossa personalidade se desenvolve e nossa vida se transforma; tudo se torna novo. Nesse processo, será possível estabelecer uma relação harmônica entre a vida consciente e aquilo que foi forçado a estar no inconsciente, ampliando a personalidade e eliminando os conflitos interiores.

Por esse motivo, tomar consciência de que não somos a pessoa que pensamos ser é integrar a Sombra; e isso é condição indispensável ao autoconhecimento. Podemos afirmar que é uma prova de coragem ingressar nesse caminho porque ele, necessariamente, nos conduzirá ao encontro de situações desagradáveis de nossa vida em uma primeira etapa; mas, em seguida, nos levará à estrada de largos horizontes da sabedoria. Isso requer humildade por parte de todo indivíduo que optar por essa trilha, e sabemos que a humildade é a fonte de toda a vida espiritual, assim como de autoconhecimento. Ao integrar a Sombra, nós acabamos por dissolver a *Persona* e ampliamos nossa consciência.

Leloup diz que:

> a presença da luz em um quarto escuro mostra-nos não somente coisas agradáveis, mas os cantos que não estão muito limpos. O sinal de que a nossa experiência de luz é verdadeira é que ela nos permite descobrir nossa Sombra. (Leloup, 1998, p. 14)

E foi isso que ocorreu com Francisco de Assis. Conta a história que, vivendo sujeito às influências da sua época, Francisco tinha uma natural aversão pelos leprosos. E, como todos, sobretudo os da sua classe, não se aproximava daqueles que eram considerados abjetos pela sociedade. Houve, porém, um dia, enquanto cavalgava pelos arredores de Assis, que um leproso se aproximou para pedir-lhe esmola. Não tendo como evitar o encontro e, também, determinado com o propósito que assumira de mudar de vida, apeou do cavalo e lhe deu a esmola e um beijo. Em seguida, voltou a montar para seguir seu caminho, e, embora estivesse em campo aberto, olhando ao redor não viu mais o leproso. Tal experiência encheu-o de admiração e alegria e, daquele dia em diante, passou a visitar os leprosos para dar-lhes ajuda e demonstrar-lhes afeto com seu beijo. Dessa forma, ele mesmo relata que o que lhe era amargo tornou-se doce e o dispôs a prosseguir corajosamente em sua missão.

Considerando a *Persona* de Francisco e toda a cultura do seu tempo, que projetava nos leprosos todos os males sociais e os excluía do convívio, é fácil compreender o porquê de seu comportamento em relação a esses excluídos. Ao repudiar com tanto nojo e veemência os leprosos – o bode expiatório de sua época –, Francisco, na verdade, projetava neles a própria Sombra. O primeiro reconhecimento de sua Sombra pessoal aconteceu quando Francisco encontrou esse leproso. E ele compreendeu isso de tal maneira que registrou em seu testamento que o confronto com o leproso (Sombra) foi fundamental para a sua transformação.

Ele que, com o padrão socioeconômico que tinha, atendia aos pobres dando-lhes esmola, ofereceu ao leproso, além da esmola, um beijo. Essa atitude, cheia de compaixão, ampliou sua consciência de tal forma que o que antes lhe provocava náuseas se tornou fonte de consolação física e espiritual.

Celano (*apud* Silveira, 2000) conta que o leproso desapareceu imediatamente, após receber o beijo. Uma leitura psicológica desse fato pode revelar que ele desapareceu porque Francisco integrou a Sombra à luz da sua consciência. Depois desse acontecimento, ele passou a dedicar-se aos leprosos e não se afastava mais deles. Sua Sombra, agora integrada, protegia-o da inflação do ego.

Em outros episódios narrados por seus biógrafos, pode-se perceber como, de algum modo, Francisco também projetou a Sombra sobre o próprio corpo, tratando-o com extrema austeridade e penitência por acreditar que o pecado residia nele.

Há, ainda, um relato sobre o qual podemos fazer uma ampliação e compreender o que é a projeção coletiva da Sombra. Trata-se da experiência de Francisco com um lobo, na cidade de Gúbio. Os escritos falam de um temível lobo que atacava não só os animais mas também os cidadãos, que viviam assustados e temerosos de andar pela região tal a ferocidade do animal. Nessa ocasião, Francisco decidiu ir ao encontro do lobo, apesar dos conselhos contrários da população. Aproximou-se, então, e disse a ele: "Irmão lobo, tu fazes muitos danos nesta terra, e grandes malefícios, destruindo e matando as criaturas de Deus sem sua licença; e não somente mataste e devoraste os animais, mas tiveste o ânimo de matar os homens feitos à imagem de Deus; por tal coisa és digno de forca, como ladrão e homicida péssimo: e toda gente grita e murmura contra ti, e toda esta terra te é inimiga. Mas eu quero, irmão lobo, fazer a paz entre tu e eles; de modo que tu não mais os ofenderás e eles te perdoarão todas as passadas ofensas, e nem homens nem cães te perseguirão mais." Conta-se que, após esse encontro, o lobo ainda viveu dois anos na cidade e passeava pelas ruas e casas sem fazer mal a ninguém, assim como ninguém mais o perseguiu.

A Sombra coletiva caracterizada pela violência dos cidadãos daquela cidade exigia uma outra atitude em termos de conciliação. Ao promover a paz entre o lobo e os cidadãos, Francisco, em uma interpretação psicológica, também promoveu o encontro da sociedade com o seu lado sombrio, representado pelo lobo que ameaçava a ordem estabelecida.

A experiência de Francisco provoca um duro questionamento: sobre quais "leprosos", hoje, projetamos a nossa Sombra? Quantas projeções têm sido terrivelmente destrutivas nas relações de trabalho! Nas organizações, em que tão comumente encontramos líderes com seus egos inflados, torna-se premente que cada um visite esse lado sombrio de si mesmo e tome consciência da própria "lepra" que o afasta dos outros.

Quanta energia negativa, quantos conteúdos reprimidos, quanto sentimento de inferioridade é transferido para os outros, destruindo relacionamentos, humilhando, caracterizando, muitas vezes, o que é chamado de assédio moral?! Quantos processos de avaliação de desempenho foram distorcidos pelo alto nível de subjetividade, facilitando, certamente, as projeções da Sombra do avaliador? Quantos conflitos e equipes desintegradas pela falta de consciência dos ataques da Sombra?!...

Observar-se, criticamente, a fim de compreender os ataques de lobo feroz sobre a sua equipe e as projeções da Sombra em inúmeros comportamentos – identificando os erros da trajetória pessoal e profissional – pode contribuir para ampliar a consciência a respeito de si mesmo e suscitar possibilidades de convivência pacífica e harmoniosa com todos. Entretanto, a primeira reconciliação há de ser consigo mesmo. Ao identificar os próprios erros, os efeitos provocados pela Sombra, podemos dar passos mais serenos e humildes em direção à realização e à convivência ética com os demais caminhantes.

Para que, efetivamente, a pessoa possa se tornar um líder respeitado por seus liderados e por todos com quem se relaciona, é preciso desenvolver a virtude da humildade como princípio da sabedoria. E, se queremos organizações e uma sociedade prósperas, é necessário que os seres humanos, os dirigentes e os cidadãos sejam maduros, conscientes de si.

PARA REFLETIR E AGIR

"A sombra não é algo que se possa escolher, dispensar, evitar ou ignorar. Ela simplesmente faz parte da vida, como faz parte do corpo cada membro."

◇◇◇

Quando criança, o que costumava ouvir dos pais, professores e outras pessoas importantes para você? E o que diziam quando você cometia algum erro? Como isso ficou em você?

Quais são os seus comportamentos que causam problemas nos relacionamentos com maior frequência?

Quais são os pontos fracos no seu caráter que sempre aparecem?

Como você costuma julgar os outros? E como costuma reagir aos erros?

Quais são as mágoas/os ressentimentos que você carrega e que atrapalham viver bem? Como você lida com esses sentimentos?

Quais são as vergonhas que você carrega consigo e que impedem o seu crescimento?

E que preconceitos estão presentes em sua vida e que o(a) atrapalham ver a essência do outro?

Quais são os seus medos e como eles o(a) limitam?

Que crenças você tem sobre si próprio(a) e sobre a vida que tem limitado o seu desenvolvimento?

De que forma todas essas emoções têm afetado os seus relacionamentos e/ou a sua maneira de liderar a equipe?

O que você precisa perdoar em si mesmo(a)?

O que você tem projetado sobre os outros? (Algo que você não enxerga em você, mas vê nos outros.)

Inconsciente coletivo e arquétipos

a força do feminino

> Não há homem algum tão exclusivamente
> masculino que não possua em si algo de feminino.
>
> **C. G. JUNG**

Em sua investigação da psique, Jung constatou que não existe homem que seja só e exclusivamente masculino, isto é, que não tenha em si mesmo algo de feminino. No inconsciente de cada homem há uma imagem coletiva da mulher. Esse é o arquétipo que recebeu o nome de *Anima*, que constitui a feminilidade da alma – ela compensa, no homem, a consciência masculina. Do mesmo modo, há o arquétipo contrassexual na mulher, com características masculinas, ao qual Jung denominou *Animus*. Não se trata de alma, mas do arquétipo da própria vida. Seria como admitir que a alma do homem é feminina, e a da mulher, masculina.

Em seu livro *O segredo da flor de ouro*, Jung afirma ter constatado que o caráter afetivo do homem tem traços femininos, que há uma "figura feminina" no inconsciente masculino na qual estão depositadas todas as experiências que o homem já teve da mulher. Por isso, ele projeta nela a imagem da *Anima*.

É a *Anima* que transmite as imagens do inconsciente para a consciência, assumindo um papel de ponte entre essas duas dimensões da psique; e tudo que ela toca torna-se numinoso. Cada um de nós sabe exatamente quando vive uma experiência numinosa: quando se chega à conclusão de que não se poderá mais viver como vivia antes.

Entendeu Jung que *Anima/Animus* têm vida própria por detrás da consciência e um caráter que se manifesta no sexo oposto. Exemplificando: como o que não é masculino é feminino e, assim – inconsciente –, é percebido fora de si, a *Anima* aparece geralmente projetada na mulher, e o *Animus*, no homem.

Eles se opõem à *Persona*, de modo que, se exteriormente um homem demonstra ser forte, interiormente ele esconde uma fraqueza feminina que o leva a fazer a projeção, incapaz de reconhecer as próprias fragilidades porque se identificou totalmente com a *Persona*.

Assim como os demais arquétipos, *Anima/Animus* só podem ser conhecidos pela própria experiência interior, visto que cada homem e mulher experimentam a sua energia, que age de maneira autônoma promovendo a unidade, a integração dos opostos.

É por demais interessante a análise feita por Jung quando diz que a mulher, com sua peculiar psicologia, é uma fonte de informação e inspiração para o homem sobre coisas que ele sequer percebe. Ela não só o inspira como também é capaz de indicar-lhe caminhos que, sem a sua ajuda, certamente ele não descobriria.

A tomada de consciência dessa influência e dessa energia psíquica dentro de cada um de nós, certamente, será o caminho para se tornar mais inteiro. Quando o homem reprime em si essa força, ele se desvirtua de si mesmo e dos seus mais profundos anseios. Desse modo, a *Anima* consiste nos anseios inconscientes do homem. Em termos de padrão emocional, isso equivale aos estados de espírito, ansiedades, aspirações emocionais, medos e sensibilidade, capacidade de se relacionar etc.

Historicamente, a não admissibilidade desse conteúdo em si, ou o medo da *Anima*, provocou, além de um grande sofrimento para o homem, um processo grave de discriminação das mulheres e depreciação de tudo o que fosse considerado feminino.

Para corrigir o rumo da história coletiva e buscar a própria integração em seu processo evolutivo, o homem deverá primeiramente tomar consciência da atuação desse arquétipo dentro de si, recuperando assim a sua inteireza ou unidade primordial. Sabendo-se da força que o inconsciente exerce sobre o indivíduo, é preciso integrar a energia da *Anima* para poder incrementar o progresso no próprio ambiente cultural.

O desafio, então, é confrontar-se com a *Anima*, e desse árduo confronto pode surgir um novo indivíduo, integrado, harmonizado, porque terá passado pela maior das provas: o contato com suas feridas e, sobretudo, com o complexo materno.

Se considerarmos que o principal influxo de informações que os homens recebem a respeito de si e a respeito da vida vem da mulher, será fácil constatar que o complexo materno está presente em todos nós: a portadora do arquétipo é, em primeiro lugar, a mãe pessoal, uma vez que a criança vive inicialmente em um estado de identificação inconsciente com ela. A mãe não é apenas a condição prévia física mas também psíquica da criança.

Entende-se, então, complexo materno como a ideia de mãe com toda a sua carga afetiva, anseio por carinho, vínculo afetivo e proteção. Hollis (2004) explica que, quando a experiência inicial em nossa relação com a mãe é positiva, nós nos sentimos como pertencentes à vida, esse é o espaço em que nos sentiremos amados e protegidos; ao contrário, quando a experiência primordial do feminino é dolorosa, negativa, nós nos sentiremos perdidos, desenraizados e desligados de tudo. Se isso ocorre, constata-se um desequilíbrio na psique do indivíduo, que precisa ser cuidada sob pena de acarretar-lhe graves problemas.

Quando assim acontece, o homem passa a temer o feminino. E como, em geral, o homem oprime o que teme, ele passa a ser um opressor do feminino, seja em si mesmo, reprimindo tudo que pode ser caracterizado como feminino, seja nas mulheres e nos homossexuais, que, para ele, encarnam também o arquétipo.

Além de atacar a mulher, ele foge dos próprios sentimentos, já que os identifica como características femininas. Isso explica o porquê do grande medo que o homem sente do feminino, e do feminino que está dentro dele mesmo. Relaciona à mulher tudo o que se refere a ternura, carinho, intuição, e logo se afasta da mulher tão temida, que é também a sua *Anima*. Certamente esta é a expressão mais crítica ou aguda da influência do complexo materno: o medo de confrontar-se e se relacionar com a *Anima*. Como os homens não têm consciência de que essa força está dentro deles, vão procurar por ela nas outras mulheres e não percebem sua presença nas diversas manifestações oníricas, artísticas, na sua imaginação e mesmo em outros homens. De algum modo, eles a perseguem ou a afastam de si.

Por esse motivo, é preciso que o homem lute com vigor contra o seu complexo materno, a fim de se tornar um adulto consciente, reconhecendo que se trata de uma batalha interior. Do contrário, ele irá projetá-lo sobre as mulheres, trazendo os efeitos negativos, seja na forma da submissão a elas, seja buscando dominá-las. E, em qualquer situação, o homem que não resolve essa questão vai perpetuando o complexo na relação com os filhos. A força do complexo materno é demonstrada em ambas as situações.

Em razão da imensa carga de humilhação acumulada pelos medos, vergonhas e ferimentos sofridos desde a infância, os homens não conseguem compartilhar e falar sobre o seu mundo interior. Podem falar horas a fio sobre os problemas "de fora", mas nada ou muito pouco sobre o que realmente lhes incomoda, os afeta e perturba suas existências.

Em geral, há dentro de cada homem uma criança ferida, castigada, que não foi nem acolhida nem cuidada por si mesmo. Como não consegue externar sua dor, ele silencia e procura castigar os outros, perpetuando o sofrimento.

Na verdade, mais que humilhado pelos outros homens e pelas mulheres, ele é humilhado por si mesmo. Como não suporta a ideia de se

Inconsciente coletivo e arquétipos

sentir frágil, ou de assim ser percebido – como um fraco, um ser vulnerável –, silencia na sua dor e, investido da *Persona*, muitas vezes ataca e faz os outros sofrerem, tentando esconder a si mesmo com um pretenso autoritarismo ou outras formas de demonstração de força e poder que, de acordo com os parâmetros coletivos, sugerem masculinidade.

Registre-se também o fato de o homem tentar silenciar a sua *Anima*, o seu lado feminino, e, ao fazê-lo, impedir a relação entre o ego e o seu mundo interior, dificultando assim o seu processo de individuação. Desse modo, toda vez que um homem cala sua emoção, toda vez que inibe ou evita um encontro emocional, ele está dominado pelo complexo materno, e, para se libertar, é preciso que expresse suas emoções e viva plenamente seus relacionamentos.

Quando não o faz, por medo da mulher – a mãe brigona que o pode rejeitar –, ele permanece como o menino assustado, magoado, ferido. Só o reconhecimento de si mesmo nessa situação poderá ajudá-lo a se tornar um adulto, um homem pleno. Esse medo que sente em relação ao feminino, que pode ser eternizado se não for analisado e integrado, também tem o pai como responsável em função da maneira com que ele – o pai – se comporta em relação ao feminino.

Assim como o arquétipo materno está presente determinando o comportamento, como foi assinalado anteriormente, o arquétipo do pai também manifesta sua força na vida do indivíduo, de modo indelével. Se a experiência com o pai for positiva, o indivíduo experimentará desde a infância o apoio, a força, e terá um modelo positivo no mundo; ao contrário, se tal experiência for negativa, a psique da criança será esmagada.

Se a criança recebe proteção e carinho da mãe, do pai ela recebe força e poder para lutar pela vida e ingressar no mundo. Se a mãe ativa o complexo materno, que deverá ser transcendido para que o indivíduo não permaneça infantil e dependente, o arquétipo do pai deverá conduzi-lo na jornada rumo à experiência, à maturidade.

Por esse motivo é que é fundamental para os filhos saberem que são amados e aceitos pelo pai. É preciso que o pai diga isso para o filho, pois é verdade que muitos homens sentem grande dificuldade em sua jornada de individuação porque não tiveram apoio paterno. Por faltar-lhe uma referência de companheiro, de sabedoria, de inspiração, o menino terá em sua trajetória muitos percalços, sobressaltos e obstáculos para conseguir se afastar do complexo materno e vir a ser ele mesmo.

Assim, pode-se entender o patriarcado como compensação para a fraqueza interior dos homens que cresceram indefesos, sem a figura do pai. O amor é substituído pelo poder, que pretende compensar o medo: medo do feminino e de ser ferido por outros homens. Não é diferente nas diversas outras formas de autoritarismo, ainda tão presentes nas organizações. Revela, desse modo, a imaturidade emocional que esse modelo provoca nos homens. Isso exige que, com urgência, os homens se esforcem para aprender sobre si mesmos, para serem eles próprios. É preciso que se tome consciência das feridas para que se mude a si e à sociedade.

Se não houver uma tomada de consciência de que essa *Anima* reside em sua psique, o homem não se encontrará plenamente como indivíduo em sua trajetória. É por isso que esse confronto é atroz, mas vital. Assim fala Jung:

> É muito mais difícil conscientizar-se das próprias projeções do par *Animus-Anima* do que reconhecer seu lado sombrio. Neste caso, é necessário vencer certas resistências morais, como a vaidade, a cobiça, a presunção, os ressentimentos etc. (Jung, v. IX/2 § 35)

Inconsciente coletivo e arquétipos

O encontro
com a Anima

Cada um cuide de seu irmão e o ame como uma mãe ama e cuida do seu filho.

FRANCISCO DE ASSIS

Como em todo homem, a primeira experiência de Francisco com sua *Anima* se deu no contato com sua mãe. Ela o educou nos valores essenciais e lhe transmitiu a grandeza do seu coração e a alegria de viver os grandes ideais. Foi com sua ajuda que pôde enfrentar o autoritarismo do pai. Mas parece que sua mãe não encerrava toda a *Anima*, pois duas outras mulheres marcaram profundamente sua vida: Clara de Assis, em que ele percebeu toda a sua dimensão espiritual contemplativa, e "Frei" Jacoba de Roma.

Em Clara ele projetou toda a espiritualidade da contemplação, e ela acolheu a energia da *Anima* em si, porque ansiava por esse modelo de vida. Ao estabelecer para Clara e as demais mulheres um modo de vida recluso, possivelmente Francisco definia o modo de vida que ele pretendia e procurou viver no mundo. A ela recorria para conversar, consultar e buscar consolo.

Quanto a "Frei" Jacoba, era tratada por Francisco como um irmão (daí chamá-la de frei), e é certo que ocupou também um espaço privilegiado em sua vida, a ponto de ser a única a ter acesso a ele no fim de sua existência.

Há, porém, outras formas de manifestação da *Anima* na vida de Francisco; ela não se apresentou apenas por meio dessas mulheres.

Outros símbolos se configuraram como expressão arquetípica do feminino: aparecem em sua história a figura da Senhora Pobreza, que se apresentava como a grande musa inspiradora do seu ideal de vida, e a Virgem Maria, como o arquétipo da Grande Mãe.

A energia feminina de Francisco também fluía no relacionamento com os seus frades, que, embora fossem homens, irmãos menores, eram tratados como uma mãe trata seus filhos – e assim o deviam ser, como ele preconizava. A atitude de ternura e de cuidado, típica da energia feminina, é que determinava seu estilo de relacionamento e liderança. Essa mesma *Anima* possibilitou a ele o desenvolvimento da esplêndida intuição que marcou sua vida e a organização de seu trabalho.

Francisco desenvolveu plenamente a capacidade de perceber além dos sentidos, além da análise lógica, porque sua maneira de olhar o mundo e a vida era mais profunda. Sua visão não obedecia à razão, mas, aberta à transcendência, se estendia com sabedoria, e, desse olhar, ele criou sua escola de vida e a grande organização que se espalhou rapidamente pelo mundo. Como todos já sabemos, é a visão que determina as ações dos líderes.

Como um grande líder, Francisco apresentou um modelo de vida coerente; mas, antes, ele mesmo começou a viver o modelo proposto, de modo a inspirar seus liderados. A visão franciscana, que a princípio parecia utópica, tornou-se elemento motivador para todos os seus seguidores, que assumiram aquela visão como própria; isso porque ele ouvia sua intuição e a comunicava com tal convicção e entusiasmo que seria impossível não o seguir.

Seja na relação com Clara, Jacoba ou sua mãe, seja no simbolismo da Senhora Pobreza e na Virgem Maria, importa perceber como, em sua história, Francisco humanizou-se na medida em que também acolheu em si a energia feminina da *Anima*, manifestada na ternura, no cuidado, no afeto com que se dirigia a tudo e a todos.

Em suas instruções aos frades que iriam viver em eremitérios, ele orientava que dois deles deveriam agir como mães, e haver dois, ou ao menos um, por filho.

A consciência feminina desperta e gera receptividade, aceitação, tolerância e transformação da energia agressiva em criatividade, potencializando as forças em direção ao novo, a alternativas que não se prendem à lógica reducionista do masculino.

Se observarmos com atenção, são essas, hoje, as principais virtudes exigidas de um líder. Seus seguidores, na verdade, lhe serão fiéis à medida que forem cativados, acolhidos, ouvidos, respeitados. Porque não se lidera pelo intelecto, mas pelo coração. Do coração brota a empatia. Do coração brota toda a energia capaz de cativar e mobilizar as pessoas, de sensibilizá-las para uma jornada, para um caminhar coletivo rumo a metas maiores da vida.

A dimensão emocional assume toda a sua força nesse arquétipo, assim como a intuição. E, já sabemos, não dá mais para desprezar essas competências nestes novos tempos.

Ao introduzir a lógica do coração em sua vida e em seu projeto, Francisco rompe uma barreira e nos convida a fazer o mesmo.

PARA REFLETIR E AGIR

"Não se lidera pelo intelecto, mas pelo coração. Do coração brota toda a energia capaz de cativar e mobilizar as pessoas, de sensibilizá-las para uma jornada..."

De que forma você pode usar essa energia para liderar a sua equipe e ajudá-la a galgar patamares mais elevados?

Até que ponto você silencia a energia da *Anima* em si próprio(a) e não expressa as suas emoções?

Como você demonstra afeto para com as pessoas com as quais se relaciona? E com a equipe que você trabalha e/ou lidera?

Como você expressa reconhecimento pelo trabalho bem-feito? E pelo bom comportamento da equipe?

Como demonstra confiança para com os seus liderados e/ou colegas de trabalho?

De que forma você lida com a energia feminina (sensibilidade, cuidado, intuição, afeto) no seu processo de se tornar mais humano?

Puer: a energia *impulsora*

> Como portadoras de luz, ou seja, amplificadoras da consciência, essas figuras de criança vencem a escuridão, ou seja, o estado inconsciente anterior.
>
> **C. G. JUNG**

Em seus estudos sobre os arquétipos, Jung deixou claro que, como padrões de comportamento, eles trazem em si toda a energia capaz de contribuir para o processo de individuação e que essa energia se manifesta no indivíduo de forma involuntária e inconsciente. Ao analisar o arquétipo da criança, o *Puer*, Jung entendeu que ele não só carrega em si o aspecto pré-consciente da infância da alma coletiva, ou seja, algo do passado longínquo, como também a força do futuro, o que quer dizer que o arquétipo contém o futuro em potencial.

Assim ele se expressa:

> A vida é um fluxo, um fluir para o futuro, e não um dique que estanca e faz refluir. Não admira, portanto, que tantas vezes os salvadores míticos são crianças divinas. Isto corresponde exatamente às experiências da psicologia do indivíduo, as quais mostram que a "criança" prepara uma futura transformação da personalidade. No processo de individuação antecipa uma figura proveniente da síntese dos elementos conscientes e inconscientes da personalidade. É, portanto, um símbolo da unificação dos opostos, um mediador, ou um portador da salvação, um propiciador de completude. (Jung, v. IX/1.§ 278)

Inconsciente coletivo e arquétipos

Como símbolo da unificação dos opostos, o *Puer* aponta para a totalidade, para a superação da dualidade rumo à inteireza, à autonomia, à individualidade. É como se a criança encarnasse a plenitude da consciência, do devir, representando o que há de mais forte e inelutável no impulso do ser, que é o impulso de realizar-se a si mesmo.

Esse é o arquétipo da criança, que é capaz de mover o adulto – já cansado, desmotivado, que não crê nem espera mais nada – a dar um salto em direção à beleza da vida. A criança que habita em cada um de nós precisa ser resgatada para mobilizar a energia psíquica em direção ao novo, libertando o adulto das travas que foi criando ao longo da sua existência.

Cada pessoa deve se esforçar para se libertar das algemas do adulto e encontrar as qualidades da criança, que permitirão sua evolução. Para isso precisará identificar onde/quando deixou de alimentar a criança, permitindo que ela morresse ou adormecesse em si. O que aconteceu na sua história que silenciou a criança? Quem abusou, quem desrespeitou, quem impediu a criança de permanecer viva? E até que ponto perpetuamos, nós mesmos, o abuso, o desrespeito para conosco?

Visitar a própria história e se permitir perdoar àqueles que sufocaram a criança trarão de volta o equilíbrio, a alegria, o entusiasmo, a energia para inovar, criar e buscar sempre o algo mais. Romperá, assim, a unilateralidade do adulto, que permitiu seu enrijecimento e seu fechamento para a novidade da vida. Resgatar a criança significa voltar-se para o desenvolvimento, para o crescimento, para o futuro.

Como a vida é um processo de evolução contínua, nada pode interromper e estancar essa energia vital da qual a criança é portadora. Essa energia é capaz de transformar o adulto, se ele assim o permitir. Para Jung, a criança simboliza a essência humana, e, como portadora da luz e de um poder superior, ela possibilita ampliar a consciência, vencendo as trevas do inconsciente.

Certamente, esse foi o motivo que levou Jesus de Nazaré a afirmar de modo categórico que só participa do Reino de Deus aquele que se tornar criança; porque ela detém as qualidades necessárias para realizar a jornada: a espontaneidade, a abertura para o novo, a alegria – qualidades que nós, adultos, fomos excluindo de nós mesmos para assumirmos uma *Persona*. Revestidos da racionalidade lógica e diante das exigências e expectativas sociais, tornamo-nos demasiadamente adultos e, assim, impedimos nós mesmos de entrar na trilha da evolução ansiada pela criança.

Já não nos extasiamos diante da vida, tornamo-nos enrijecidos e não percebemos que, sem dar vida à criança que mora em nós, viveremos estagnados no meio do caminho.

Tornar-se criança

> Viviam perfeitamente alegres; a ninguém sequer ocorria
> que pudesse se queixar de alguma coisa.

(SOBRE FRANCISCO E SEUS COMPANHEIROS)

Como esse arquétipo se manifesta em Francisco de Assis? Creio que toda a sua trajetória está impregnada dessa energia vital contida no arquétipo da criança. Francisco é todo aberto, todo receptivo, tudo o encanta, tudo se manifesta a ele como novidade, tudo o enternece. Nem mesmo o sofrimento fez com que se enrijecesse. Sabe-se como a alegria foi uma de suas principais características; por isso o chamavam de "o jogral ou trovador de Deus".

São tantos os fatos que ilustram essa beleza humana, que precisamos nos deter e encontrar algum episódio que seja significativo para o nosso propósito. Conta Celano (*apud* Silveira, 2000) que Francisco se encantava quando contemplava as criaturas, que se enchia de alegria quando olhava para os astros, que tinha um grande amor até para com os vermes e insetos. Enfim, chamava todos os seres da natureza de irmãos e, ao contemplá-los, meditava e aprendia com cada um deles.

Assim, Francisco concentrava-se e se deixava contagiar pelos ensinamentos da sábia natureza, permanecendo atento a seus detalhes. De tudo tirava lições para sua vida e as aplicava no próprio caminhar e na organização de sua Ordem.

Um dos mais belos poemas da humanidade revela a criança extasiada diante do mundo: é o famoso "Cântico do Irmão Sol" ou "Cântico das Criaturas" (Silveira, 2000, p. 70). Francisco o compôs enquanto sofria dores atrozes, que dilaceravam seu corpo com a doença e os estigmas que havia recebido. E contam seus biógrafos que morreu cantando. Eis a letra que, há cerca de oito séculos, revela a serenidade de Francisco, que nunca pediu a Deus para lhe tirar o sofrimento, mas que tivesse forças para suportá-lo:

> Altíssimo, onipotente, bom Senhor,
> Teus são o louvor, a glória, a honra
> E toda a bênção.
>
> Só a Ti, Altíssimo, são devidos;
> E homem algum é digno
> De Te mencionar.
>
> Louvado sejas, meu Senhor,
> Com todas as Tuas criaturas,
> Especialmente o senhor irmão Sol
> Que clareia o dia
> E com sua luz nos alumia.
>
> E ele é belo e radiante
> Com grande esplendor:
> De Ti, Altíssimo, é a imagem.
> Louvado sejas, meu Senhor,
> Pela irmã Lua e as estrelas
> Que no céu formastes claras
> E preciosas e belas.
>
> Louvado sejas, meu Senhor,
> Pelo irmão Vento,
> Pelo ar, nublado
> Ou sereno, e todo o tempo
> Pelo qual às Tuas criaturas dais sustento.
>
> Louvado sejas, meu Senhor,
> Pela irmã Água
> Que é mui útil e humilde
> E preciosa e casta.

Inconsciente coletivo e arquétipos

Louvado sejas, meu Senhor,
Pelo irmão Fogo
Pelo qual iluminas a noite.
E ele é belo e jucundo
E vigoroso e forte.

Louvado sejas, meu Senhor,
Por nossa irmã a mãe Terra
Que nos sustenta e governa,
E produz frutos diversos
E coloridas flores e ervas.

Louvado sejas, meu Senhor,
Pelos que perdoam por Teu amor,
E suportam enfermidades e tribulações.

Bem-aventurados os que as sustentam em paz,
Que por Ti, Altíssimo, serão coroados.

Louvado sejas, meu Senhor,
Por nossa irmã a Morte corporal,
Da qual homem algum pode escapar.

Ai dos que morrerem em pecado mortal!
Felizes os que ela achar
Conformes à Tua santíssima vontade,
Porque a morte segunda não lhes fará mal!

Louvai e bendizei a meu Senhor,
E dai-Lhe graças,
E servi-O com grande humildade.

    E não seria esse o caminho que os líderes de hoje deveriam percorrer? Motivar-se a aprender com a natureza e encantar-se com o novo? Fascinar-se com as lições do Universo e, como criança, permitir-se crescer?

Não estaria faltando aos líderes o dom de cativar pela alegria, pelo bom humor? Não é pela contagiante energia, que emerge do mais profundo do ser, que se podem desenvolver as potencialidades humanas? Antes de tudo, não devemos nos extasiar, como as crianças, diante da grandeza humana e de suas potencialidades? Admirar-se com a dimensão da natureza e do humano é enxergar além das aparências; é encantar-se com o sagrado que em tudo habita. Não será este também o papel do líder: perceber, identificar e fazer emergir a grandeza de cada um; o talento, o potencial divino que há dentro de cada ser humano? Enxergar além das aparências e penetrar no mais fundo de tudo, alcançando seu sentido, seu ensinamento?

O "Cântico das Criaturas" sugere, ainda, outra reflexão: os líderes empresariais têm uma responsabilidade com o planeta. Nossas crianças, intuitivamente, já sabem que o cuidado com a natureza é essencial; a criança que habita em cada de um nós deve levar-nos a liderar com base nessa premissa. Liderar com consciência é zelar pela casa de todos, pela mãe Terra, pela sustentabilidade da vida e perenidade das organizações com ela comprometidas.

A fraternidade universal, vivida e pregada por Francisco, é um convite a cada gestor a também identificar a terra, a água, o ar e as florestas como mãe e irmãs, e a considerá-las integrantes essenciais da vida, merecedoras de respeito na sua integridade, devendo ser cuidadas e preservadas para o bem da humanidade.

O mercado de ações, que é um bom termômetro de como os investidores veem os investimentos das empresas no meio ambiente, já aponta que esses indicadores passaram a ser significativos para a imagem, credibilidade e valorização das organizações empresariais.

PARA REFLETIR E AGIR

"A criança que habita em cada um de nós precisa ser resgatada para mobilizar a energia psíquica em direção ao novo..."

Quais são as características positivas da criança?
Como você nutre e vive essas características no seu dia a dia?
Qual é a criança que está adormecida em você e precisa ser desperta e alimentada?
Até que ponto há sinais negativos do *Puer* em você (insegurança, dependência, fragilidade, imaturidade etc.)? O que você precisa superar?
De que modo, você, como líder, pode contribuir para que as características positivas da criança sejam transformadas em competências e contribuam para a renovação e inovação da organização?

Senex: a *sabedoria* da vida

> Assim, sede humanos, buscai o entendimento,
> a visão intuitiva das coisas, e formulai vossas hipóteses,
> vossa filosofia de vida. Poderemos então reconhecer
> o Espírito vivo no inconsciente de cada indivíduo
> e seremos então irmãos do Cristo.
>
> **C. G. JUNG**

Desenvolver a sabedoria é entrar em contato com realidades mais profundas, que estão presentes em nós mesmos, nos outros, no Universo. Conectar-se com essa dimensão da vida permite-nos que nos conectemos com todos os seres humanos e não humanos, com a vida passada, presente e futura, porque a sabedoria é atemporal e perene. Essa atitude é considerada uma atitude espiritual, um movimento do ser humano em direção ao espírito, em direção à força vivificante, inspiradora, dinamizadora e unificadora.

Jung entendeu que essa manifestação psíquica do espírito é de natureza arquetípica. Ao analisar os sonhos e os mitos da humanidade, ele identificou a figura do velho como símbolo do espírito. Nos contos de fadas, também aparece essa figura mítica, algumas vezes com certa ambiguidade e com uma imensa capacidade de transformação. Mas, em geral, sempre aparece para colaborar quando o herói está em perigo, trazendo-lhe um auxílio normalmente de natureza espiritual. Ora questionando e provocando uma reflexão, ora apontando os caminhos que conduzem à meta ou alertando para os perigos e os meios de enfrentá-los, o arquétipo do sábio se revela como um colaborador na jornada do indivíduo.

Desse modo, Senex, o assim chamado arquétipo do velho sábio, é compreendido como a corporificação do espírito transformador; isto é, o mito é a personificação das forças espirituais que auxiliam o homem em sua jornada de individuação. Eis o comentário de Jung:

> O arquétipo do espírito sob a forma de pessoa humana, gnomo ou animal, manifesta-se sempre em situações nas quais seriam necessários intuição, compreensão, bom conselho, tomada de decisão, plano etc., que, no entanto, não podem ser produzidos pela própria pessoa. O arquétipo compensa este estado espiritual de carência através de conteúdos que preenchem a falta. (Jung, v. IX/1, § 398)

Ele incorpora o que foi chamado por Jung de personalidade-mana, isto é, aquela personalidade que representa um ser de uma sabedoria superior e de uma vontade igualmente superior.

O arquétipo assume, então, uma função espiritual, provocadora da reflexão para a tomada de consciência que possibilitará o êxito na jornada. Por um lado, como analisou Jung em sua grande obra, ele representa o saber, o conhecimento, a reflexão, a sabedoria, a inteligência e a intuição e, por outro, também qualidades morais, como benevolência e solicitude, as quais tornam explícito seu caráter espiritual.

É como aparece no mito grego de Cronos: após ser destronado, ocorre uma grande transformação quando seu filho, Zeus, o constitui rei das ilhas dos bem-aventurados, onde existe fartura, e ele mesmo se torna amigo e condutor dos habitantes da região, por meio dos caminhos da justiça, da paz e do amor. Seu reinado passa, então, a ser caracterizado pela riqueza, pela harmonia e pela sabedoria.

Também pode-se apontar como manifestação dessa imagem arquetípica a figura bíblica de Salomão. Segundo o relato do Livro dos Reis, quando Salomão foi escolhido rei de Israel (970 a.C.), ainda era muito jovem. Em uma noite, Deus apareceu em sonho e lhe disse que poderia pedir o que quisesse, que lhe seria dado. O jovem rei, reconhecendo suas limitações, pediu a Deus que lhe concedesse sabedoria para governar seu povo.

Consta que, a partir de então, Salomão reinou com uma grande equipe e, em seu reinado, organizou a administração, modernizou o Exército, promoveu amplas negociações com outros reinos, produzindo riquezas para toda a região, solucionou conflitos, promoveu a cooperação e a prática da justiça. Tendo se colocado como um servidor de seu povo, seu governo proporcionou tal abundância que todos tinham o que comer e o que beber, e eram felizes. Estabeleceu alianças com reinos vizinhos, permitindo ao povo viver em paz e em segurança; considerado um rei sábio e justo, era visitado por reis e povos de outras nações, que o procuravam para ouvir suas sentenças e seus conselhos.

Quase três mil anos depois, Salomão pode, ainda, ser uma referência para nós: deixou o exemplo do líder servidor, atento para o bem comum e os interesses do seu povo, o que permitiu a abundância, a segurança e a paz. Soube liderar uma grande equipe, organizada, estruturada e motivada para construir uma das maravilhas do mundo, atento a aspectos importantes, como competência, habilidade, qualidade, negociação, geração de riqueza e relacionamento com os povos parceiros. Tornou-se um conselheiro sábio e uma referência para outros líderes.

Não descuidando da justiça e das pessoas, proporcionou a felicidade a seu povo, que, agradecido, retribuía-lhe a dedicação oferecendo-lhe os seus frutos. E, quando se desviou do caminho, passando a ostentar e a explorar seu povo – constelando o Pai Devorador, que é o outro polo do Velho Sábio –, provocou uma revolta e a derrocada do reino, o que também serve como ensinamento.

Jung afirma ser o velho o arquétipo do espírito que conduz ao *Self*. Suas características apresentam tanto feitos bons quanto maus, porque depende da decisão livre e consciente da criatura humana. O pior pecado, em sua opinião, é a inconsciência, e a ela, lamentavelmente, se entregam até mesmo aqueles que deveriam ser modelos para os outros.

Inconsciente coletivo e arquétipos

O líder *sábio*

> Onde há caridade e sabedoria, não há medo nem ignorância
> Onde há paciência e humildade, não há ira nem perturbação. [...]
> Onde há paz e meditação, não há nervosismo nem dissipação. [...]
> Onde há misericórdia e prudência, não há prodigalidade
> nem dureza de coração.
>
> **FRANCISCO DE ASSIS**

Na história de Francisco de Assis, entre tantos episódios, o arquétipo se manifesta na densidade da sua sabedoria quando, por exemplo, foi questionado por um frade, um pouco antes de sua morte, sobre quem seria indicado para substituí-lo na liderança da Ordem. Ao responder, Francisco disse que não vislumbrava uma pessoa, mas descreveria, então, quais deveriam ser as suas qualidades. Eis algumas delas:

- Tal homem deverá ter uma vida muito recatada, grande discrição, uma excelente reputação, não deverá ter nenhuma afeição pessoal para evitar escândalo; deverá ser muito inclinado à oração e, no entanto, distribuirá seu tempo entre o cuidado de si e o de seu rebanho.
- Após a oração, postar-se-á no meio de seus frades para aí escutar suas petições. Responderá a todos e proverá as necessidades de todos com caridade, paciência e bondade.
- Não deverá fazer acepção de pessoas, ocupar-se-á mais dos simples e ignorantes do que dos sábios e prudentes.
- Se o dom da ciência lhe foi concedido, deverá, pelo seu modo de agir, ser igualmente modelo de piedade, simplicidade, paciência e humildade.

- Cultivará a virtude tanto em si mesmo como nos outros, exercitar-se-á praticando-a continuamente e estimulará os outros, mais com exemplos que com palavras, a praticá-la.
- Odiará o dinheiro, grande corruptor de nosso estado e de nossa perfeição.
- Não deverá se rejubilar com as honrarias nem comprazer-se mais com as deferências do que com as injúrias. Essas honras e deferências não mudarão em nada seu modo de vida a não ser para torná-lo melhor e mais perfeito.
- Será conveniente sondar, na medida do possível, o interior dos corações a fim de pesar e distinguir a verdade nas intenções ocultas de cada um.
- Terá por duvidosas todas as acusações até que a verdade comece a se revelar depois de conscienciosas investigações. Não dará ouvidos a tagarelices e suspeitará de suas bisbilhotices e acusações. Não acreditará nelas facilmente.
- Que, sob o pretexto de conservar seu cargo ou suas honrarias, não aja contra a justiça, a equidade, nem transija com os que violam a regra.
- Considerará e exercerá sempre o ofício de superior mais como um serviço do que como uma honra.
- Terá como colaboradores bons companheiros de comprovada honestidade.
- Será severo contra os prazeres, corajoso nas dificuldades, piedoso e complacente com os culpados, demonstrando por todos igual afeição.
- Será amável para com todos, acolherá com alegria todos os que se dirigirem a ele e se mostrará como modelo e exemplo para eles. (Silveira, 2000, p. 932)

Nestes tempos, em que há uma profusão de informações e elevado nível de competição, individualismo e materialismo, o arquétipo do Velho Sábio, que Francisco de Assis tão bem expressa no final de sua vida, alerta-nos para o que mais falta na gestão das empresas: a virtude da sabedoria.

Quando delineia o perfil de seu substituto, não só o faz como uma descrição das responsabilidades do ocupante do cargo, mas, principalmente, como um convite para que todos trilhem aquele caminho, uma vez que todos, potencialmente, poderiam vir a liderar a organização.

Francisco sabia muito bem, e nos ensina, que a liderança não é um privilégio, mas uma responsabilidade. O líder é responsável tanto por comandar uma organização como por zelar pelos valores e princípios que a sustentam.

Essa responsabilidade deve levá-lo a cuidar dos interesses coletivos, e não dos próprios interesses. E isso pressupõe fortalecer e desenvolver outros líderes. Ele sabe, também, que em cada seguidor há um líder em potencial; sabe disso porque tem consciência de que a liderança é, sobretudo, um estado de relacionamento entre ele e seus liderados, uma experiência de convivência e de contato, que permite conhecer cada um, respeitando-os igualmente. Dessa maneira, zelando pela organização e pelas pessoas, ele saberá escolher novos líderes. Em toda a sua trajetória, o ser humano – e o líder – deve fazer escolhas. E as melhores escolhas, como Francisco fez, acontecem quando se cultiva o silêncio, quando se medita e se observam os próprios sentimentos e pensamentos. Essa atitude de interiorização é que permite ampliar a consciência para a escuta sensível e sondar o próprio coração e o dos seguidores.

A sabedoria de Francisco ensina que a credibilidade do líder vem de sua reputação, de seu caráter, de sua conduta íntegra. Por isso, ele alerta para não se deixar corromper, mas, com disciplina, enveredar pelo caminho dos valores espirituais para tornar-se um ser humano melhor.

Sua vida demonstra que a integridade se alcança pela evolução da consciência, da harmonia interior e com os demais seres, e da harmonia com o Universo. O caminho para se desenvolver essa consciência é o caminho do silêncio e da solidão, isto é, o momento de encontro consigo mesmo, no qual ele buscava o discernimento e a sabedoria.

Ressalta que a virtude da justiça é essencial para liderar a organização; é com essa virtude que o líder cuidará de cada um, porém sem transigir com indisciplina e comportamentos inadequados para a vida da comunidade, ou seja, toda atitude que afete negativamente o bem comum, a vida da equipe e da organização não poderá ser tolerada e deverá ser corrigida. A correção será fraterna porque, mesmo nessas situações, o amor deve prevalecer, entendendo-se amor como o respeito à dignidade intrínseca do ser humano.

O fundamento de Francisco para sua liderança é a fraternidade, isto é, a consciência de que todos os homens e mulheres são irmãos, e esse foi o seu pressuposto para fundar uma democracia plena em seu grupo de seguidores.

E é o amor – valor essencial da liderança – que faz com que, a exemplo de Francisco, o líder não seja um comandante superior aos demais, mas um servidor da equipe. Servidor não é serviçal; é alguém que está junto, caminha junto e contribui para que todos caminhem igualmente juntos, de maneira solidária, fraterna, em direção a um mesmo objetivo. Há oito séculos, como Jesus Cristo também o fez no seu tempo, Francisco chamou a atenção para o modelo do líder servidor. Como deixou escrito:

> Não vim para ser servido, mas para servir (Mt. 20, 28). Os que estão constituídos sobre os outros não se vangloriem dessa superioridade mais do que se estivessem encarregados de lavar os pés aos irmãos. (Silveira, 2000, p. 62)

Seu interesse é que os outros cresçam e desenvolvam as suas potencialidades.

PARA REFLETIR E AGIR

"Considera-se a sabedoria a principal virtude e competência da liderança. Para desenvolvê-la, é necessário busca, disciplina e uma longa jornada... e escuta sensível e ativa."

◇◇

Como você escuta a si mesmo(a)? E à sua equipe?
E aos demais que compartilham o poder com você?
Como você desenvolve a sua espiritualidade?
Qual é a sua principal referência de sabedoria e o que você tem aprendido e praticado que o(a) ajuda a ser uma pessoa e líder melhor?
Que meios você usa para acessar a sabedoria interior?
Que atitudes suas expressam a sabedoria interior?
Quanto tempo você dedica ao silêncio no seu dia a dia?
O quanto você está disposto(a) a abrir mão do "poder" para escutar mais, dialogar e aprender mais com o outro?

Self: o ápice

Tudo o que se diz sobre a imagem de Deus pode ser aplicado, sem nenhuma dificuldade, aos símbolos da totalidade.

C. G. JUNG

Jung denominou *Self* (*Si-mesmo*) a personalidade total do indivíduo, que inclui tanto a dimensão consciente, da qual o ego é o centro, quanto o inconsciente, pessoal e coletivo. Esse é o arquétipo por excelência. E é a chave principal para se entender a teoria junguiana e distingui-la das demais correntes. É o *Self* que convoca o ser humano a evoluir para se tornar eminentemente humano, a realizar as suas potencialidades, no processo de individuação.

Esse fator psicológico, que age dentro de cada um de nós, tem um valor supremo. Para Jung, ele age como "Deus", porque psiquicamente é esse o nome que pode ser dado a esse poder avassalador. Quando um deus deixa de ser um fator avassalador, ele passa a ser um simples nome, porque morreu a sua essência, seu poder dissipou-se. Foi o que se observou com os deuses do Olimpo: perderam seu prestígio e influência porque outro poder emergiu, com outra força avassaladora – o mistério cristão do Deus que se fez homem.

Para a psicologia analítica, tudo o que se refere a "Deus" pode ser aplicado ao *Self*, podendo-se mesmo afirmar que o *Self* é um meio pelo qual Deus faz com que sua presença em nossa vida se torne consciente. Jung chama a atenção para o fato de não considerar o termo "deus" no sentido do deus cristão, mas uma força supra-humana que rege e determina a vida, e que se aproxima do homem, mas que permite ao homem a decisão final de seguir essa suprema vontade.

Há uma explícita vontade de Jung de distinguir suas verdades científicas a respeito da psique, da fé religiosa, tanto que afirma mais de uma vez que, ao relacionar o *Self* com Cristo, não está fazendo uma profissão de fé; antes, procura esclarecer que há uma diferença básica entre perfeição e inteireza. E explica tal distinção: Cristo é considerado o perfeito, e o arquétipo indica a inteireza, e não a perfeição, visto que ele inclui os paradoxos: o bem e o mal, que precisam ser unificados.

Sendo o *Self* o centro da totalidade do indivíduo e a força mobilizadora de toda energia psíquica, ele constitui, assim, um eterno convite à ampliação da consciência em direção a si mesmo, a entrar em um estado de plena comunhão consigo e com o mundo, possibilitando o equilíbrio, a unificação dos opostos, a integridade do indivíduo. Isso porque, quanto mais se amplia a consciência, assimilando os conteúdos inconscientes, mais o indivíduo se aproxima da sua essência, do *Si-mesmo*. Nesse sentido, o *Self* é transcendente, isto é, está além do domínio da psique; mesmo que seja o *Self* que define essa psique, ele é muito mais do que a subjetividade da pessoa.

Na perspectiva junguiana, dizer que alguém é centrado em si mesmo equivale a dizer que é uma pessoa que encontrou o seu equilíbrio, o seu centro, e não o oposto, que corriqueiramente se entende, ou seja, alguém egocêntrico.

Por estar muito além de todos os limites da compreensão humana, o *Self* se manifesta simbolicamente e por meio de mitologemas religiosos, conduzindo o indivíduo para o contato pleno com a totalidade. E é desse modo que também se compreende o *Self*, relacionando-o diretamente com a figura de Cristo, visto que nele, concebido como o Filho de Deus, está presente a totalidade divina e humana. Imagem perfeita de Deus, ele se torna a analogia mais próxima do *Self* e do significado atribuído por Jung, tanto por sua singularidade quanto por sua unicidade com o Pai.

Com essa analogia, Jung pôde também afirmar que todo ser humano carrega em si a imagem de Deus, o arquétipo do *Self* que lhe é inato. Seguindo esse pensamento, Stein (2004) comenta que, como o indivíduo está marcado com a *imago Dei*, pelo simples fato de ser humano, ele está em consonância direta com a unidade e a totalidade, que é o ápice de todos os valores; por isso mesmo, toda vez que ele precisar, o conhecimento intuitivo presente em todo indivíduo poderá vir em seu socorro. É a força arquetípica do *Self* que, de forma intuitiva e espontânea, nos apresenta simbolicamente uma solução.

Cabe enfatizar que não se trata aqui de um conceito teológico, mas psicológico. Nessa perspectiva, o *Self* se apresenta como o ápice do ser humano, a sua essência, a sua inteireza, a consciência plena do indivíduo sobre si mesmo.

A grande *experiência*

> A minha obrigação é dar-lhes bom exemplo,
> para isso lhes fui dado.
>
> **FRANCISCO DE ASSIS**

Embora se saiba que nenhum indivíduo tenha realizado completamente o seu encontro com o *Self*, visto que ele está sempre mais além do que o ser humano pode ser, é possível afirmar que algumas pessoas se aproximaram consideravelmente da plenitude em seu processo evolutivo.

De que modo se pode compreender a experiência de Francisco com o *Self*? Considerando que o confronto com o supremo arquétipo é um extremo desafio ao indivíduo, que passará a questionar todos os padrões vividos até então, qual foi a magna experiência franciscana? Qual foi a grande prova que ele viveu e o levou a identificar o que realmente importa na vida? O que lhe aconteceu que possibilitou a plena compreensão de si mesmo e de tudo que compreende a existência?

Na linguagem religiosa, diz-se que Francisco teve uma profunda experiência de Deus, com o Absoluto, com o Grande Mistério, o Transcendente, o Amor Infinito, que transformou sua vida para sempre, porque o preencheu completa e definitivamente. Na linguagem da psicologia analítica, pode-se compreender essa experiência como o confronto com o *Self*. Dele o homem sai transformado, definitivamente se faz um novo ser, é tomado por outra consciência: una, plena, cósmica. É tão profunda a experiência, que provoca explícitas modificações no indivíduo, ativando suas energias para a realização da plenitude humana ou, ao menos, tender a ela.

Trata-se do passo decisivo em direção à plenitude, talvez a reta final da jornada: a aproximação ansiada pela totalidade, a unificação entre os opostos, o fim da dualidade, a total consciência sobre si mesmo. Na esfera religiosa, seria a santidade, a iluminação.

A experiência culminante de Francisco aconteceu no monte Alverne, na Itália, no ano de 1224, dois anos antes de sua morte, onde estava retirado em oração na companhia de Frei Leão, seu companheiro e confidente. Nesse local, ele teve uma visão de Deus, na aparência de um homem com seis asas, que pairou sobre ele com os braços abertos e os pés pregados em uma cruz. Diante da inefável visão, Francisco viveu emoções profundas de alegria e prazer, misturadas à incompreensão do que lhe ocorria: aos poucos, foram aparecendo em seus pés, mãos e lado direito, as marcas da crucificação de Cristo.

Essa, sem dúvida alguma, foi a máxima experiência de Francisco. Na história do cristianismo, não há registros de experiência semelhante antes dele. Nela se revela a sua completa identificação com Cristo e, a partir daí, a sua total transfiguração. Não que a experiência com o divino tenha destruído o homem Francisco; ao contrário, ele se tornou um ser humano mais pleno, totalmente iluminado, porque, em linguagem junguiana, o *Self* o iluminava completamente por dentro.

Leloup diz que:

> O que impressiona em um ser humano que entrou neste caminho de transformação é, ao mesmo tempo, sua grandeza e sua humildade. Ele sabe que é pó e que ao pó retornará. Mas ele sabe que é luz e que à luz retornará. (Leloup, 1997, p. 26)

É com essa consciência que Francisco se fez modelo de ser humano integrado e se tornou, para todos, através dos tempos, um símbolo de humanidade.

O desejo que o mobilizou ao longo de sua jornada – de, em tudo, imitar o Cristo – realizou-se completamente no fenômeno chamado de estigmatização e nas dores que o acompanharam até a morte. Foram dois anos de dor, dois anos de crise, vividos entre a Sombra e a luz, entre a dúvida e a entrega de si. Em meio ao paradoxo, em meio ao caos, ele brilhava na síntese que se permitiu realizar ao desenvolver, com disciplina, com determinação, ao longo de toda a sua história, uma espiritualidade muito peculiar: a da identificação com o outro, sobretudo com o pobre e sofredor, até a identificação máxima com o Cristo na cruz.

Essa foi a sua máxima experiência do transcendente, consciente de que a transcendência era essencial e determinante em sua vida, consciente de que ele mesmo, como todo ser humano, era manifestação do divino, que em tudo se manifesta. Viveu como um homem espiritual, procurando ver o sentido de tudo, de todos os acontecimentos à sua volta, procurando realizar todas as coisas, mesmo as menores, com a mesma devoção e grandeza humanas.

Se Francisco viveu essa experiência religiosa como uma imitação de Cristo e nela realizou o seu processo de individuação, então cabe a reflexão de que cada um de nós deve percorrer por esse caminho, com a mesma coragem, com a mesma disposição, com a mesma profundidade de Francisco, para encontrar o essencial de sua vida. Não se trata, pois, de repetir a vida do outro – seja este outro Cristo ou Francisco –, mas de viver a própria história com a mesma profundidade com que eles viveram as suas.

Assim compreendemos a experiência religiosa: o acontecimento capaz de nos ajudar a saber mais a respeito de nós mesmos e que nos transforma, de tal maneira, que se torna um momento memorável em nossa vida. O teólogo Rudolf Otto a denominou experiência numinosa, pois é um efeito provocado no indivíduo que produz uma modificação na sua consciência.

Para Jung, só é possível encontrar o equilíbrio, a inteireza, se incluirmos a dimensão espiritual, resgatando e tomando consciência desses valores, sem os quais o ser humano jamais será plenamente humano.

O convite que a vida nos faz é o mesmo que fez a Francisco: cada um de nós precisa sair de si mesmo para encontrar a si mesmo – encontrar sua essência e fazer sua própria jornada, com grandeza de alma.

Inconsciente coletivo e arquétipos

PARA REFLETIR E AGIR

Olhando para a sua história, quais experiências você considerou transformadoras?

Quais mais o(a) aproximaram do Transcendente e, portanto, de Si-Mesmo?

Você considera a sua jornada um processo evolutivo? Se positivo, descreva os passos que você deu nessa direção. Se ainda não, o que pode fazer para acelerar a sua evolução, encontrar a sua essência e fazer a sua jornada com grandeza de alma?

Capítulo
4

A jornada
do herói

> *O herói representa o eu inconsciente do homem, e este se revela empiricamente como a soma e o conteúdo de todos os arquétipos, incluindo também o tipo do "pai" e o do sábio ancião. Neste sentido, o herói é seu próprio pai e se gera a si mesmo.*
>
> C. G. JUNG

Para bem compreender o universo humano e seus dilemas, é preciso voltar às origens da nossa história, que envolvem a mitologia greco-romana e a tradição judaico-cristã. Nelas encontraremos as referências fundamentais de como a humanidade entendia a sua vida. Nos relatos de seus mitos, em que humanos travavam batalhas com dragões, animais de toda espécie e até com seus deuses, prefigura-se a busca do homem por seu lugar na história e por sua afirmação como ser que, em suas conquistas, acaba por conquistar a si mesmo, em uma trajetória de autoconhecimento.

Pelos relatos, presentes em todas as culturas, muitos registrados como história sagrada, o ser humano procurava, incipientemente, dar um sentido à sua existência. Não havia filosofia nem ciência, mas havia a sabedoria intuitiva que, de forma mítica, respondia às grandes questões da humanidade. Os mitos surgiam como manifestações espontâneas da psique, e, assim como nos sonhos, eles adquirem significado quando refletidos pela nossa consciência.

Hollis (2004) comenta que o mito talvez seja a construção psicológica e cultural mais importante de nosso tempo, porque ele acessa o mundo invisível, isto é, em um mundo tão materialista, ele permite, por meio da metáfora e do símbolo, um encontro com a dimensão do espírito.

Em seus estudos sobre a mitologia, Jung (v. V, § 612) identificou que o mito do herói é um drama inconsciente que aparece na projeção, assim como na alegoria da caverna de Platão. Nele, o herói é caracterizado com poderes superiores aos da natureza humana, como um deus em potencial, tornando-se, assim, um arquétipo do *Si-mesmo* e expressando, dessa maneira, que o *Si-mesmo* de fato é numinoso.

Perscrutando o arquétipo em todas as suas dimensões, Jung compreendeu que o herói carrega em si uma grande nostalgia do inconsciente; que em sua peregrinação – todo herói é um peregrino – está presente uma insaciável busca pelo *Si-mesmo*. Para ele:

> Ele [o herói] é a personificação de forças vitais que se encontram fora do alcance limitado de nossa mente consciente; de formas e possibilidades sobre as quais nossa mente consciente unilateral nada sabe; uma totalidade que abrange as profundezas da natureza. Ele representa o impulso mais forte, mais inelutável em todo ser, a saber, o impulso para realizar-se a si mesmo. (Jung, v. IX/1, § 289)

O que Jung, então, denominou herói é a energia específica emanada do *Self* para levar o indivíduo a se desenvolver, a vencer os medos e os obstáculos e alcançar o ideal da vida. Trata-se de uma busca – na verdade, de uma intensa luta – que é transcendental, porque direciona sempre o "vir a ser" para um sentido, para um propósito. Se nos recusamos a correr esse risco, essa jornada heroica, nós violentamos o nosso próprio destino, isto é, a vocação de nos realizarmos plenamente como humanos.

Esses conteúdos arquetípicos têm sido estudados com profundidade. Segundo Judy (1998), de acordo com o registro dos mitos, o quadro mais geral da consciência masculina é composto dos seguintes eventos:

1. a saída de casa e a separação da mãe;
2. o desenvolvimento da força do ego, em confrontos com o mundo dos homens, incluindo a luta pela separação e pela igualdade em relação aos pais. O nascimento do masculino, por meio dos princípios do herói-guerreiro;

3. o desenvolvimento mais profundo, mediante os confrontos com o mundo interior;
4. o defrontar-se com a mulher;
5. o defrontar-se com o homem, elaborando a relação com o masculino profundo, derivando força das gerações anteriores de homens, encontrando companheirismo na geração contemporânea de outros homens, estabelecendo as pazes com o pai;
6. e, por fim, o defrontar-se com Deus.

Em todas as diferentes mitologias e culturas, é possível encontrar a figura do herói. Embora, por diferenças culturais, apresente características distintas, observa-se que há determinado padrão que o caracteriza como herói.

Em seus estudos, Campbell (2005) constatou que nas diferentes culturas, de uma forma ou de outra, todos os mitos estão relacionados com o processo de transformação e evolução da consciência. Em todas as mitologias, os heróis mitológicos foram submetidos a duras provas, que faziam parte desse processo de autotransformação, no qual cada um buscava algo maior que a vida. Ele afirma que:

> os chamados ritos (ou rituais) de passagem, que ocupam um lugar tão proeminente na vida de uma sociedade primitiva (cerimônias de nascimento, de atribuição de nome, de puberdade, casamento, morte etc.), têm como característica a prática de exercícios formais de rompimento normalmente bastante rigorosos, por meio dos quais a mente é afastada de maneira radical das atitudes, vínculos e padrões de vida típicos do estágio que ficou para trás. (Campbell, 2005, p. 20)

Para ele, a jornada do herói consiste na renúncia de si mesmo para doar-se aos outros. E essa jornada se faz pelas experiências, pelo enfrentamento das provas e acolhimento de certas revelações, que lhe aparecem como iluminadoras e inspiradoras. São heróis porque acolhem, enfrentam e penetram regiões onde ninguém antes esteve, vencem as próprias limitações e as impostas pelo seu tempo, e saem transformados, mais plenos, mais humanos para transformar.

Assim, o arquétipo do herói pode constelar tanto em um indivíduo quanto em uma comunidade, visando suprir as carências existenciais e se apresentando como modelo capaz de conduzi-los à superação de dificuldades, obstáculos e crises. É o herói que é ativado quando a sociedade e/ou o indivíduo passam por situações de crise e transformações, que requerem um modelo que os auxilie no processo de desenvolvimento humano e social.

Em nossos dias, observamos a manifestação do herói nos trabalhadores que, muitas vezes, se sujeitam a situações degradantes para sustentar a família, naqueles que são capazes de sacrificar-se em nome do bem comum e valores mais elevados, naqueles que se esquecem de si mesmos e se doam, solidariamente, para ajudar os outros a evoluírem como seres humanos. Muitas vezes, porém, permanecem no anonimato, e o título de herói é projetado sobre as celebridades, revelando assim o quão superficial é a nossa compreensão da vida. Transferimos as nossas aspirações de heroísmo para os personagens de sucesso, sem perceber o mito adormecido em nós mesmos, que nos convoca a viver nossa própria história.

Podemos entender, então, que a missão de cada um de nós não pode ser reduzida apenas a uma trajetória pessoal; ela transcende a história do indivíduo porque o conecta com o todo, e cada um que cumpre sua missão contribui para que o mundo seja melhor, porque, de algum modo, impregna de valores superiores o tempo e o espaço onde vive.

O mito revela, assim, uma jornada de conquistas que, simbolizada pelas lutas no mundo exterior, expressa a luta que o herói trava consigo próprio, vencendo a si mesmo e deixando para trás relacionamentos, casas e territórios antes ocupados, que representam as sustentações que não mais são favoráveis a seu caminhar evolutivo. Essa é a experiência da solidão, do deserto, da "noite escura da alma", em que o herói busca novos caminhos e em que precisa se desvencilhar de outras "seguranças". Trata-se de situações-limite, como muitas vezes é revelado nas histórias míticas e sagradas, que envolvem ameaças e grandes desafios ao herói.

A jornada do herói

Mas, ao mesmo tempo, quando ele se lança na aventura, surgem com as provas os auxiliares que o fortalecerão e indicarão os caminhos a seguir. E, ao longo de sua jornada, ele vai tomando consciência de que existe um poder que o sustenta em seus empreendimentos.

Esse padrão arquetípico está localizado tão fundo na psique humana que se repete como modelo básico no apelo à aventura, como um desejo de criar algo mais em nossa vida. E é possível constatar que, ao longo do caminho, realmente aparecem os obstáculos ou provas, assim como surgem aqueles que auxiliam na jornada. Haverá sempre dolorosos embates até se conseguir deixar para trás um modo de ser, e então conhecer a nova modalidade que nos chama, alcançando o prêmio e, por fim, o retorno para compartilhar com o mundo a nova vida. Compreende-se o herói, então, como um ser humano mortal que, de algum modo, se aproximou do divino e, com isso, pôde se elevar, por meio de seus dons, acima dos demais mortais, sem perder sua humanidade. Ele é um guerreiro que está no mundo para liderar, para conquistar, para ser útil e servir a um propósito maior. Em sua jornada, ele experimenta o sofrimento; e é pelo sofrimento que ele amadurece, desenvolve o autoconhecimento e se torna um modelo para os outros.

A experiência da dor pode levá-lo à morte; em algumas situações, poderá ser uma morte simbólica; em outras, uma morte verdadeira, que até poderá ser reversível, mas também adquirirá dimensão simbólica. Esse processo é doloroso e inevitável, porém necessário, e faz parte do seu rito iniciático. O termo grego para designar o aniquilamento, a morte, a descida às profundezas, é *katábase*. Entretanto, essa palavra também encerra o sentido de renascimento, após a morte simbólica. Trata-se do movimento de descer "ao fundo do poço", de morrer para renascer fortalecido como herói.

Essa conquista do herói garante-lhe o prêmio que, simbolicamente, corresponde ao seu amadurecimento, à sabedoria, à riqueza interior, que é a própria transformação desenvolvida durante a jornada. Porque, na verdade, o que o faz amadurecer, o que o torna sábio, é o longo processo de aprendizado desenvolvido no sofrimento, nas lutas e na superação dos obstáculos. Somente isso lhe permite ter autocontrole, autoconsciência e capacidade de exercer seus poderes equilibradamente, colocando-se a serviço da humanidade.

Na perspectiva da psicologia, trata-se da grande travessia que todo indivíduo deve realizar, abandonando o "homem velho" para se tornar um "novo homem", deixando a infância para chegar à maturidade. É a dinâmica da vida: um contínuo morrer e renascer para continuar crescendo. O rito de passagem, tão característico de várias culturas, simboliza esse momento de travessia. A sua ausência fortalece o infantilismo e a não realização do arquétipo do herói.

Em seu livro, *Curando a alma masculina*, Judy apresenta três dimensões do herói: o guerreiro, o transcendente e o criativo, que formam o caráter da consciência masculina. Cada dimensão tem as próprias características e seus problemas, em relação à nossa época, e afetam nossa história. Assim, a dimensão guerreira do herói nos ensina sobre a capacidade de superar obstáculos por meio da disciplina, do cultivo da própria força e autoridade; o herói transcendente nos lembra que é pelo amor, pela vida em comunidade e pelo abandono de si mesmo a uma força Absoluta e Superior que é possível caminhar seguro em sua jornada; já o herói criativo congrega, em si, a capacidade de unir a dimensão espiritual com a material para vencer criativamente os desafios da vida.

Dessa maneira, o arquétipo do herói guerreiro e transcendente desafia-nos a despertar o nosso ser total. Esse ser total aparece como o herói criativo, porque é um ser de carne e espírito, corpo e alma, imaginação e razão, amor e poder. É por meio desse despertar que se começa o processo de cura da alma masculina.

Observa-se, na história dos mitos, como o arquétipo do guerreiro deixou um impressionante legado para a nossa época. Se tomarmos o herói grego Hércules como exemplo, encontraremos em suas aventuras o caráter determinante do guerreiro: a capacidade para se colocar a serviço das causas mais nobres; o esforço e aprendizado de novas tecnologias para poder enfrentar os perigos; o empenho para afirmar sua independência; e sua extrema lealdade para com os companheiros.

Em cada uma das demandas de Hércules, aparece o tema da dominação do selvagem. Se virmos essa história como descritiva da evolução humana, perceberemos igualmente como hoje há muitas forças a serem dominadas e disciplinadas.

Como afirma Judy,

> se estamos em adequada sintonia com o guerreiro, seremos decididos, corajosos, resistentes, perseverantes, estaremos cheios de energia e seremos leais a algum bem maior e superior a nossas próprias vantagens pessoais. (Judy, 1998, p. 96)

Porque o herói guerreiro significa energia, capacidade de empreender, de preparar-se e enfrentar as dificuldades, e até mesmo a morte, para o bem da humanidade. Essas são virtudes que ele ensina aos homens de nossa época e, ao mesmo tempo, são um alerta para que saibamos controlar a agressividade, buscando um equilíbrio interior cujo caminho nos é apresentado pelo herói transcendente.

Somente a transcendência pode completá-lo. Quando o indivíduo agrega à força do guerreiro o poder da visão transcendente, ele canaliza suas energias para encontrar a unidade essencial da vida. Essa unidade primordial, que a visão transcendente é capaz de captar, está presente e se manifesta em todas as formas particulares da vida, produz heróis como Gandhi, Martin Luther King Jr., Nelson Mandela e, no passado mais distante, gerou Francisco de Assis.

A dimensão transcendente é um convite a empreender a jornada do amor que habita dentro de cada um. É a jornada interior, sumamente desafiadora, porque pressupõe o mergulho solitário na própria alma, com o propósito de se conectar com a vida espiritual e se deixar transformar por ela.

Em nosso mundo, onde tudo é voltado para as realizações externas, onde a extroversão é valorizada ao ponto de levar o ser humano a se distanciar da sua dimensão profunda, o herói transcendente nos convida para a jornada solitária da introversão. Ele sinaliza que, sem a interiorização, sem o recolhimento, o homem poderá se perder no caos do mundo. E esse é o empreendimento mais corajoso e desafiador do ser humano: mergulhar em si mesmo, empreender a jornada da alma.

Quando se une a força do guerreiro com a espiritualidade do herói transcendente, nasce o herói criativo. Este está no caminho do meio, entre a matéria e o espírito, e é essa espiritualidade que se faz necessária em nossos tempos. Uma espiritualidade que permeia todas as esferas da vida humana e se torna concreta em gestos de fraternidade, de partilha, de justiça, de cuidado e serviço aos demais, independentemente das condições, diferenças e posições sociais, econômicas e culturais.

A grande questão é se estamos dispostos a viver assim; se estamos preparados para abrir mão do poder, para refletir profundamente sobre a essência da vida e responder, com maturidade, se estamos realmente servindo à humanidade, servindo ao próximo, com consciência da própria jornada e sabendo para onde estamos indo.

Se soubermos responder positivamente à vocação maior do ser humano, compreendendo que o sentido final de nossa vida é evoluir integralmente e que isso exige a prática da fraternidade, então podemos afirmar que o processo já se iniciou para nós. Quando nos abrirmos a essa possibilidade, extasiando-nos diante do Grande Mistério e de suas expressões na vida, quando nos encantarmos com a beleza e com as dádivas incontáveis de todos os dias, então saberemos que já estamos trilhando o caminho.

Nesse caminhar, o primeiro passo é a tomada de consciência de que existe, conforme a psicologia junguiana, um *Self* (*Si-mesmo*) dentro de cada um de nós, que é muito maior do que somos, e que está além do que conhecemos conscientemente. Esse conceito do *Si-mesmo* é muito próximo do conceito da alma, de acordo com o entendimento ocidental corrente. Essa consciência é um convite a evoluir na direção do *Si-mesmo*. Aceitar o convite exige coragem, determinação e disciplina para se tornar mais do que se é. O grande empreendimento é penetrar no mais profundo de nós mesmos, para que experimentemos nossa própria totalidade, nossa própria essência. Ora, assumir conscientemente essa jornada implica um processo de desinstalação, desestruturação e firmeza de propósito para transformar a própria imagem e o conceito que cada um faz de si.

Essa firmeza de propósito do herói é a disposição para se libertar das máscaras e um redirecionamento das energias a uma missão mais nobre, para o próprio equilíbrio e o equilíbrio da vida no mundo. Estabelecer metas, confrontá-las permanentemente, de modo a direcionar a vida para o seu ideal maior, é o meio de disciplinar-se para esse longo caminhar. É certo que, ao final da jornada, o herói terá a sua recompensa, mas também é certo afirmar que essa recompensa somente será completa se ela se tornar um dom para os demais.

Durante a trajetória, o herói é convocado a rever sua relação com a mulher, que é a relação com a própria dimensão feminina; como é convocado também a refletir sobre a percepção que tem de si mesmo, do seu corpo, de suas emoções, de modo a resgatar sua inteireza e poder estar à altura de sua vocação.

É preciso que se promova um encontro, um casamento, entre as forças conscientes e inconscientes; esse é um dos grandes desafios da vida, sobretudo porque, muitas vezes, acreditamos que estamos fazendo o que queremos, quando, na verdade, estamos é correspondendo às expectativas do mundo, que nós internalizamos, inconscientemente.

Cada um de nós é convidado a encontrar esse herói dentro de si e a empreender a jornada. Voltar-se para si, nessa jornada da alma, é que permitirá ao homem vencer as inúmeras lutas para poder afirmar-se plenamente como humano. Afinal, esta é a sua grande vocação: ser plenamente humano!

Como percebeu Jung (v. V, § 612), o herói é o ator da transformação de Deus no homem, processo que foi denominado "personalidade mana". Nessa situação, o *eu* corre sério risco de identificar-se com o herói – uma vez que ele exerce um tremendo fascínio sobre o consciente – e experimentar uma grave inflação psíquica, com todas as suas consequências.

Por esse motivo, nessa peregrinação de herói, o indivíduo deverá se confrontar continuamente com a sua Sombra para que não se perca na própria jornada, inflado por suas conquistas. Todos os aspectos e passos da jornada do herói mencionados encontram-se na vida de Francisco de Assis.

Seu nascimento ocorreu durante uma viagem do pai à França, que, ao retornar, não aceitou o nome que a mãe lhe dera, trocando-o de João (relacionado ao profeta João Batista) para Francisco em homenagem à França, onde ele realizava grandes negócios. Como um jovem da sua época, até cerca de 20 anos viveu intensamente as aventuras da juventude de seu tempo e, como um herói guerreiro, sentiu-se compelido a tornar-se um grande cavaleiro, chegando a alistar-se para participar de guerras e cruzadas. Foi em uma ocasião como essa que a dimensão sobrenatural, pontuada por Campbell (2005), provocou a grande reviravolta em sua vida, conduzindo-o a outras guerras, mais sérias e difíceis de travar: as batalhas que ocorriam dentro de si mesmo. As provas iniciáticas foram inúmeras, e a *katábase* o levou à glória dos altares da Igreja Católica e fez dele também um herói para os nossos tempos.

Nas categorias analisadas por Judy (1998), observamos o processo doloroso que Francisco sofreu ao sair de sua casa, ao deixar a mãe, que o iniciou nos valores espirituais e o protegeu da ira paterna; e, nas desventuras da separação e na saída de casa, como desenvolveu a força espiritual para enfrentar monstros e dragões e o próprio Deus, muitas vezes incógnito, que o levava para grandes batalhas solitárias. Nesses duros enfrentamentos, nascia outro guerreiro, que, quanto mais se empenhava na luta interior, mais descortinava outros campos de batalha e novos horizontes, que o elevaram à categoria do herói transcendente. Precisou, também, defrontar-se com o feminino; aprendeu com Clara de Assis, com Jacoba e com sua mãe.

Mais que qualquer outro, mergulhou tão profundamente na busca do Absoluto que a comunhão com o *Self* foi plena e se manifestou nos estigmas, os quais o identificaram com o Cristo, sendo chamado "o primeiro depois do Único". Francisco transfigurou-se ao longo dos anos: desde o primeiro chamado, ainda tão nebuloso para ele, até o encontro definitivo com a morte, ele foi se desvencilhando da *Persona*, integrando a Sombra, a *Anima*, e experimentando ardentemente o arquétipo do *Self*.

Cada estágio da jornada do herói é explícito na vida de Francisco; não lhe faltaram provas, como não lhe faltaram os auxiliares. Foi uma eterna luta para superar obstáculos, para vencer os próprios medos e as fraquezas, e fez a *katábase* esplêndida do milagre do estigma até a morte derradeira, a que cantou enaltecendo, chamando-a de irmã.

Inúmeras vezes foi tentado a envaidecer-se por seus prodígios, mas, consciente da Sombra, jamais se vangloriou; ao contrário, tornou-se o mais humilde dos homens, atribuindo todos os feitos Àquele a quem servia.

Como herói, colocou-se a serviço da humanidade, sobretudo dos menores, dos excluídos do seu tempo, tornando-se um servidor e promotor da paz. Era um contemplador do Grande Mistério, e experimentou sua radiante beleza em todas as suas expressões, confraternizando-se com tudo e todos.

Ao descobrir a presença do Sagrado, do transcendente dentro de si, Francisco teve a força necessária para empreender a mais longa, profunda e bela das jornadas humanas. Como afirma Boff (2004, p. 14), "ele trilhou um caminho original na conquista do seu próprio coração, fez da dimensão de Sombras senda para Deus, com grande simplicidade e humildade".

Devemos compreender a jornada de Francisco como um exemplo de coragem, equilíbrio e compaixão. Sua trajetória está impregnada das grandes questões do seu tempo, assim como a nossa própria jornada sofre as influências do nosso contexto histórico. Mas a jornada interior é a mesma. Francisco pode nos guiar nessa jornada, não obstante a distância do tempo e da cultura em que ele viveu. Para isso, é preciso despertar o Francisco que dorme em cada um de nós. O Francisco que não teme amar, que não se submete às condições do seu tempo e ousa ir além. Porque o amor que dominou todos os seus sentidos e fez com que ele empreendesse a jornada do herói é o mesmo amor que hoje tanta falta faz na vida dos indivíduos de nossa sociedade.

Jung expressou esse sentimento quando afirmou que

> é a incapacidade de amar que priva o homem de suas possibilidades. Este mundo é vazio somente para aquele que não sabe dirigir sua libido para coisas e pessoas e torná-las vivas e belas para si. (v. V, § 253)

O convite que a vida fez a Francisco, e que foi por ele acolhido, é o mesmo feito a cada um de nós. Não se pede que hoje se repitam os passos de Francisco, ele viveu a sua história. Ele apenas nos aponta, e nos provoca, a possibilidade de que cada um de nós viva também a própria história. A missão do herói, hoje, é realizar a sua jornada trazendo à luz o que está perdido na obscuridade de sua vida e tornar o mundo espiritualmente significativo, contribuindo para que todos – homens e mulheres – se tornem efetiva e afetivamente maduros. É preciso que empreendamos essa jornada, cujo destino está dentro de nós. É uma peregrinação da consciência, porque a evolução humana é uma evolução da consciência.

Campbell (2005) diz que o caminho para nos tornarmos mais humanos consiste em aprender a reconhecer os contornos de Deus na face humana. E ser líder hoje é ser um humano consciente, evoluído, pleno, capaz de ao menos vislumbrar no outro a presença do sagrado que o habita.

A jornada do herói

PARA REFLETIR E AGIR

"Ter coragem significa ser bravo o bastante para superar os próprios limites e aqueles criados pelos medos, crenças arraigadas, limitações... Toda mudança só é possível quando somos suficientemente corajosos para tomar a atitude necessária."

◇◇◇

Quando você tomou consciência de sua missão neste mundo? Como você percebeu que esse era o seu caminho?

Descreva pelo menos um momento corajoso de sua vida, em que você deu o melhor de si. Que valores e talentos o(a) ajudaram a se sair vitorioso(a)? Que situação você vive hoje que poderia traduzir o mesmo nível de coragem?

Quais são as situações adversas pelas quais você já passou? O que aprendeu em cada uma delas e como você pode utilizar esse aprendizado nos próximos desafios da vida?

Quais foram as grandes superações de sua vida? Como você conseguiu?

Quais foram os momentos em que você se percebeu mais maduro, mais humano e se colocou como um servidor dos outros, que tomou decisões tendo em vista o bem comum?

O que você tem feito para contribuir para que a vida (a família, a empresa, a sociedade, o mundo...) seja melhor?

Considerações finais

Agora, a nossa *missão*

> *Se o homem já conseguiu construir o edifício
> do mundo com as poucas coisas claras e definidas
> que foi capaz de imaginar simultaneamente,
> que espetáculo divino descortinaria se pudesse imaginar,
> ao mesmo tempo e com clareza, uma multidão de coisas?*
>
> **C. G. JUNG**

A história da liderança empresarial é povoada de personagens e exemplos que funcionaram durante algum tempo. Entretanto, o mundo atual – globalizado e em constante e acelerado ritmo de mudança –, tem posto à prova estilos de liderança que vigoram até hoje, impondo uma reflexão urgente.

O paradigma mental seguido há séculos no Ocidente enfatizou a racionalidade, privilegiou a lógica e os fatos, em detrimento das dimensões emocional e espiritual. Segundo esse modelo, o homem é impedido de sentir ou expressar os seus sentimentos, assim como tem sua intuição tolhida. Esse velho paradigma que, aos poucos, foi se alojando também acabou por determinar o comportamento humano nas organizações.

Assim, pôde-se também perceber ao longo dos séculos, da Era Industrial até nossos dias, que o modelo instalado fazia ver o ser humano como uma coisa a ser controlada e na qual não se podia confiar; era mais um objeto, como as demais máquinas e equipamentos.

De modo geral, todos os modelos de liderança continham uma visão estreita do ser humano: para eles, o indivíduo que os seguia não pensava nem podia pensar, era manipulado.

O líder materialista, que visa apenas aos resultados de curto prazo; o líder individualista, que encara a vida como uma grande competição; o líder autoritário, que se impõe pela força somente; o líder carismático, que influencia cegamente legiões de seguidores. Esses e outros estilos de liderança se sobressaem, até proporcionam o alcance de objetivos para as empresas, sabe-se lá a que preço; entretanto, o mundo permanece desigual e em desarmonia.

A hipercompetitividade, a pressão gerada pelo sistema, a busca frenética do ter ou parecer ter assolam a vida de todos, massacram homens e mulheres que se anulam forjando personas para atender às expectativas do mercado e, simultaneamente, afastam-nos da nossa essência, do convívio familiar e do verdadeiro sentido da vida. É chegada a hora de examinarmos os modelos (conscientes e inconscientes) que temos seguido, olhando para dentro de nós mesmos. A nossa inconsciência nos impede, muitas vezes, de perceber as inúmeras possibilidades que existem em nossa vida, pois, de tão presos aos padrões exteriores, vivemos de maneira limitada. E sabemos que a maior parte das pessoas vive de maneira inconsciente, isto é, não conhece as suas possibilidades, não conhece o sentido da vida.

A missão do líder ideal é viver de modo consciente, já que suas ações vão influenciar a vida de outros. Será pela autoridade moral, pela força do caráter, que terá seguidores. Mas como fazer? Pelo resgate de valores humanos hoje quase completamente negligenciados, ou desprezados, nas empresas, como a ética, a compaixão, a ternura, a fraternidade e a justiça. Para isso, é preciso que cada indivíduo se encontre consigo mesmo, percorrendo um caminho árduo e nada agradável no princípio – pois terá de enfrentar a própria Sombra –, mas fecundo no final.

Fecundo porque, no final dessa jornada individual, cada um estará mais perto da verdade, mais consciente de seus atos, vivendo em harmonia consigo mesmo e com os demais. Somente essa transformação interior individual poderá desencadear mudanças coletivas, sociais, organizacionais e ambientais, rumo a um mundo mais justo e igualitário.

A esse processo chamamos autoliderança: a capacidade do indivíduo de liderar a si mesmo, as suas emoções e seus pensamentos, de decidir o caminho a percorrer, de fazer as suas escolhas de modo consciente. Essa capacidade de dominar a si mesmo transcende as habilidades técnicas e intelectuais e, necessariamente, inclui a disposição para enveredar em uma jornada espiritual de autoconhecimento e serviço à humanidade.

Quando o indivíduo decide seu verdadeiro propósito de vida, essa intenção se torna o foco de todas as suas energias. Sabe que está no mundo para responder a um chamado – vocação – que é imensamente superior aos compromissos e objetivos de uma profissão ou cargo. Para que a decisão seja acertada, é preciso (re)descobrir o Espírito em nós. Foi essa a experiência de Francisco de Assis. Creio que os ventos estão soprando nessa direção também hoje. Nossos modelos mentais são desafiados pelas ciências e pela eterna ânsia do ser humano de se encontrar; e tudo isso, evidentemente, impacta o mundo do trabalho.

Como os homens e mulheres de nosso tempo se sentem ante as grandes transformações, ao chamado da vida e ao exercício da liderança? Que respostas cada um de nós está dando às questões formuladas pela vida? Porque é a vida que indaga, é a vida que provoca: não o que eu posso esperar dela, mas o que ela pode esperar de mim, como um indivíduo chamado a ser plenamente humano.

Francisco também experimentou as grandes transformações do seu tempo; toda a Europa então vivia grandes mudanças. Ele teve de (re)descobrir o Espírito, colocado de modo tão transcendente pela igreja medieval que se tornou quase inacessível. Sua descoberta fez do transcendente o transparente, que em tudo se revelava. Ele optou pelo caminho da simplicidade e por aprender com tudo e com todos. Era um homem aberto ao aprendizado, pois o seu propósito maior era a perfeição. Dentro da cultura de sua época, castigou o próprio corpo, como meio de dominar-se a si mesmo e desenvolver o autocontrole, e se doou aos outros, transformando toda a concepção religiosa de seu tempo e se tornando um líder de milhares de pessoas.

Hoje, ainda, a figura arquetípica de Francisco nos incomoda, nos desinstala, nos inquieta, porque o arquétipo de homem pleno e feliz cala fundo dentro de cada indivíduo e nos faz perguntar: como pode tanta ternura? Como pode tanto afeto? Como pode tamanha disponibilidade e solidariedade para com o outro? Como pode tamanho desprendimento? Como pode tanta alegria, mesmo em meio à dor? Como pode um único homem provocar tão estupenda transformação, em uma instituição tão forte? Como pode liderar assim... decorridos já tantos séculos, ainda consegue influenciar seus seguidores? Como pode...?

Nietzsche (*apud* Frankl, 2006) afirma que quem tem por que viver é capaz de suportar quase tudo, ou seja, quando se tem um sentido para a vida, o homem é capaz de grandes realizações, até de resistir aos piores sofrimentos, pois eles também terão um sentido.

Jung (v. XI/1, § 134) também afirmou isso quando disse que o ser humano é capaz de realizar coisas espantosas, desde que tenham um sentido para ele. Nada diferente do pressuposto do cristianismo, que afirma tudo ser possível para aquele que crê.

Francisco, assim como inúmeros outros seres humanos, deixa um legado para nós. Na verdade, um desafio. Como bem disse Jung e todos os grandes mestres da sabedoria, nós não estamos aqui para copiar e repetir a vida e a jornada dos outros. Cada qual vive o seu processo de individuação.

Nossa missão é viver tão intensamente como eles viveram, é arriscar a vida tanto quanto eles arriscaram; até porque toda a evolução do Universo espera e depende da evolução de cada um de nós. A magnitude dessa missão humana pode nos parecer por demais elevada e pesada; entretanto, o que ganharemos, ao assumir com o coração aberto a própria jornada, é a coroa de ter se tornado um indivíduo pleno. Um ser humano, de fato.

Enfim, ciência, filosofia e espiritualidade se dão as mãos para nos dizer como tudo isso é possível.

Agora, a nossa missão

Desejo que esta leitura, as reflexões e provocações que aqui compartilhei contribuam para o seu processo de individuação e o(a) ajudem a ser uma pessoa melhor e, portanto, um(a) líder melhor. E que o mundo seja melhor porque você está agindo para que seja. Paz e Bem!

Referências bibliográficas

BETTO F. (org.). *Experimentar Deus hoje*. 2. ed. Petrópolis: Vozes, 1976.

BOFF, L. *Ética e eco-espiritualidade*. Campinas: Verus, 2003.

BOFF, L. *São Francisco de Assis: ternura e vigor*. Petrópolis: Vozes, 2000.

BOFF, L. *A oração de São Francisco: uma mensagem de paz para o mundo atual*. 2. ed. Rio de Janeiro: Sextante, 1999a.

BOFF, L. *Graça e experiência humana*. Petrópolis: Vozes, 1999b.

BOFF, L. *O destino do homem e do mundo*. Petrópolis: Vozes, 1978.

BOFF, L.; BETTO, F. *Mística e espiritualidade*. 4. ed. Rio de Janeiro: Rocco, 1999.

BRENNAN, A; BREWI, J. *Arquétipos junguianos: a espiritualidade na meia-idade*. São Paulo: Madras, 2004.

BRYANT, C. *Jung e o cristinianismo*. São Paulo: Loyola, 1996.

CHATTERJEE, D. *Liderança consciente: peregrinação rumo à conquista de si mesmo*. São Paulo: Cultrix, 2006.

CAMPBELL, J. *O herói de mil faces*. São Paulo: Cultrix/Pensamento, 2005.

DALAI LAMA. *Uma ética para o novo milênio*. Rio de Janeiro: Sextante, 2005.

DÜRCKHEIM, K. G. *Em busca do mestre interior: o ser humano como mestre, discípulo e caminho*. São Paulo: Paulinas, 2001.

EDINGER, E. F. *Anatomia da psique: o simbolismo alquímico na psicoterapia*. São Paulo: Cultrix, 2001.

FRANKL, V. E. *Em busca de sentido*. 22. ed. Petrópolis: Vozes; São Leopoldo: Sinodal, 2006.

FROMM, E. *A revolução da esperança: por uma tecnologia humanizada*. 4. ed. Rio de Janeiro: Zahar, 1981.

FROMM, E. *Análise do homem*. 10. ed. Rio de Janeiro: Zahar, 1978.

GANDHI, M. K. *Gandhi e o cristianismo*. São Paulo: Paulus, 1996.

HALL, J. A. *Sonhos: símbolos religiosos do inconsciente*. São Paulo: Edições Loyola, 1994.

HARMAN, W. *Uma total mudança de mentalidade*. São Paulo: Cultrix/Pensamento, 1998.

HOLLIS, J. *Mitologemas: encarnações do mundo invisível*. São Paulo: Paulus, 2005.

HOLLIS, J. *Sob a sombra de Saturno: a ferida e a cura dos homens.* 2. ed. São Paulo: Paulus, 2004.

HOLLIS, J. *Nesta jornada que chamamos vida.* São Paulo: Paulus, 2004.

HUN, Byung-Chul. *Sociedade do cansaço.* Petrópolis: Editora Vozes, 2017.

JUDY, D.H. *Curando a alma masculina: o cristianismo e a jornada mítica.* São Paulo: Paulus, 1998.

JUNG, C. G. *O Eu e o inconsciente.* Obras Completas. v. VII/II. 17. ed. Petrópolis: Vozes, 2003.

JUNG, C. G. *Memórias, sonhos e reflexões.* Rio de Janeiro: Nova Fronteira, 2002.

JUNG, C. G. *Os arquétipos e o inconsciente coletivo.* Obras Completas. vol. IX/1. Petrópolis: Vozes, 2001.

JUNG, C. G. *Civilização em transição.* Obras Completas. v. X/3. 2. ed. Petrópolis: Vozes, 2000.

JUNG, C. G. *Psicologia e religião.* Obras Completas. v. XI/I. 6. ed. Petrópolis: Vozes, 1999.

JUNG, C. G. *Psicologia e religião oriental.* Obras Completas. v. XI/II. 5. ed. Petrópolis: Vozes, 1991.

JUNG, C. G. *Tipos psicológicos.* Obras Completas. v. VI. Petrópolis: Vozes, 1991.

JUNG, C. G. *Aion: estudos sobre o simbolismo do Si Mesmo.* Obras Completas. v. IX/2. 2. ed. Petrópolis: Vozes, 1988.

JUNG, C. G. *Símbolos da transformação.* Obras Completas. v. V. 4. ed. Petrópolis: Vozes, 1986a.

JUNG, C. G. *O desenvolvimento da personalidade.* Obras Completas. v. XVII. 2. ed. Petrópolis: Vozes, 1986b.

JUNG, C.G.; WILHELM, R. *O segredo da flor de ouro.* 11. ed. Petrópolis: Vozes, 2001.

LELOUP, J. Y. *Terapeutas do deserto: de Fílon de Alexandria e Francisco de Assis a Graf Dürckheim.* 2. ed. Petrópolis: Vozes, 1998.

MCGUIRE, W.; HULL, R. F. C.; JUNG, C. G. *Entrevistas e encontros.* São Paulo: Cultrix, 1982.

Referências bibliográficas

MCMICHAELS, S. W. *Journey out of the garden: St. Francis of Assisi and the process of individuation*. Nova York: Paulist, 1997.

MERTON, T. *Novas sementes de contemplação*. Rio de Janeiro: Fisus, 1999.

ORSBORN, C. *Excelência interior*. São Paulo: Cultrix/Pensamento, 1992.

PY, L. et al. (org.). *Tempo de envelhecer: percursos e dimensões psicossociais*. Eng. Paulo de Frontin: Nau, 2004.

RENESCH, J. *Liderança para uma nova era: estratégias visionárias para a maior das crises do nosso tempo*. São Paulo: Cultrix/Amana Key, 2003.

RENESCH, J. (org.). *Novas tradições nos negócios: valores nobres e liderança no século XXI*. São Paulo: Cultrix/Amana Key, 1999.

SHELTON, C. *Gerenciamento quântico*. São Paulo: Cultrix/Amana Key, 2003.

SILVEIRA, I. (org.). *São Francisco de Assis: escritos e biografias de São Francisco de Assis* – Crônicas e outros testemunhos do primeiro século franciscano. 9. ed. Petrópolis: Vozes/FFB, 2000.

STEIN, M. *Jung: o mapa da alma*. São Paulo: Cultrix, 2000.

TARDAN-MASQUELIER, Y. *C. G. Jung: a sacralidade da experiência interior*. São Paulo: Paulus, 1994.

VELASCO, J. M. *A experiência cristã de Deus*. São Paulo: Paulinas, 2001.

VON FRANZ, M. L. *Reflexos da alma: projeção e recolhimento interior na psicologia de C. G. Jung*. São Paulo: Cultrix/Pensamento, 1997.

WHITMONT, E. *A busca do símbolo*. São Paulo: Cultrix, 2004.

WINCKEL, E. V. *Do inconsciente a Deus*. 2. ed. São Paulo: Paulinas, 1985.

Anexo

Uma *oração* nascida na jornada

Ao longo desta jornada, refletindo sobre os ensinamentos de Jung, meditando sobre a vida e o legado de Francisco, brotou-me esta oração, que decidi compartilhar também como resultado do meu processo de individuação. Ela surgiu como uma paráfrase da oração atribuída a São Francisco de Assis. Eis a minha:

Senhor
Deus de todos os nomes, Self absoluto que conduz cada indivíduo para a plenitude
Fazei de mim um instrumento de Vossa paz.
Fazei, pela força que emana do Vosso infinito amor,
Pela suprema energia que catalisa todo o ser para o Bem Maior,
Que eu me torne um colaborador do Vosso propósito,
Que eu seja apenas um Ser através do qual a Vossa vontade se realiza,
Que eu seja um servidor da vida!
Que nas organizações deste nosso tempo
Eu possa ser o Vosso instrumento para a concretização do bem comum!
Onde houver ódio que eu leve o amor.
Que nos ambientes onde há tanta competição predatória,
Onde tantas vezes a mais-valia se instala,
E atitudes derivadas do desamor destroem o humano,
Eu possa estimular a cooperação fraterna;
Que, neste sistema no qual o outro é visto como adversário,
Eu possa lembrar que todos fazemos juntos a mesma jornada,
Que todos somos absolutamente iguais,
Buscando o mesmo Amor, buscando a mesma Paz
Onde houver ofensa que eu leve o perdão.
Que eu possa superar o sentimento destrutivo que corrói os relacionamentos
Que a inveja, o ressentimento e as projeções das inferioridades da Sombra
Não se tornem armas para mutilar os outros,

Mas que eu possa expandir a consciência,
E, assimilando esses conteúdos, que eu promova a compreensão
E saiba acolher o outro como um igual a mim e perdoar aqueles que me ofendem
Que eu possa lembrar que somente o perdão pode vencer os conflitos
Onde houver discórdia que eu leve a união.
Que eu possa promover a conciliação dos opostos,
Que eu possa promover a concórdia,
Que eu saiba escutar e promover o diálogo
No seu sentido mais profundo:
Valorizando a diversidade,
Apreciando o diferente,
Encantando-me com a grandeza de alma de cada um.
Onde houver dúvida que eu leve a fé.
Em meio a tanta confusão,
Em meio a tanta informação contraditória,
Em meio a tanto ceticismo,
Que eu aprenda a lidar com o paradoxo.
E que eu possa ajudar as pessoas a crerem,
A crerem na Vida
A crerem no Amor
A crerem na possibilidade de construir um outro mundo,
A desenvolverem outra organização,
A crerem em si mesmas,
E, se assim também quiserem, a crerem em Vós como fonte de tudo
Onde houver erro que eu leve a verdade.
A verdade que se manifesta no diálogo dos aprendizes da vida,
A verdade que se expressa no respeito aos que pensam diferente,
A verdade que é expressão da compreensão e do amor pelo outro

Uma oração nascida na jornada

A verdade que é tolerância
E que conduz a um significado maior, pleno, porque é compartilhado e querido por todos
Onde houver desespero que eu leve a esperança.
Quando tantos já não sabem sequer por que vivem,
Quando tantos já não encontram sentido no que fazem,
Quando tantos não encontram motivação para criar,
Para inovar,
Para se realizarem...
Que eu possa apontar o caminho,
Que eu possa escutar,
Que eu possa acolher,
Que eu possa sorrir...
Onde houver trevas que eu leve a luz.
Na obscuridade das contradições,
Na nebulosidade de tantas mudanças,
Na escuridão dos problemas que nos atormentam,
Que eu possa ajudar na reflexão,
Que eu saiba questionar,
Que eu saiba aprofundar,
Que eu saiba iluminar para compreender o significado dos fatos,
Que eu saiba discernir
E, como um reflexo da Vossa Luz,
Que eu ajude a iluminar os ambientes por onde passar
Ó Mestre
Fonte de toda a sabedoria,
Arquétipo que conduz ao pleno conhecimento,
Velho Sábio a nos socorrer em nossa jornada,

Fazei que eu procure mais consolar que ser consolado.
Que eu esteja sempre pronto para cuidar dos interesses dos outros,
Que eu possa acolher cada um como um ser humano,
Compreendendo suas angústias e aspirações...
Fazei que eu procure mais compreender que ser compreendido.
Que eu seja uma referência para os outros
Que o meu esforço seja contínuo
Para compreender e atender às suas reais necessidades
Fazei que eu procure mais amar que ser amado.
Fazei que eu seja incansável na busca,
Que não deseje outra coisa senão aprender Contigo
O caminho da sabedoria,
O caminho da ética,
Que é o caminho que passa pelo caminho do outro,
Que é o caminho do serviço ao outro
Pois é dando que se recebe.
Por isso, que eu possa sempre me lembrar de oferecer ao outro
O melhor de mim mesmo
E possa reconhecer o valor de cada um
E expressar com alegria esse reconhecimento
E, assim, eu possa exercitar o que chamamos de empatia.
Que eu aprenda a olhar o mundo na perspectiva do outro,
Sobretudo de quem mais precisa,
De quem sofre,
Dos que foram excluídos.
É perdoando que se é perdoado
E, desse modo, eu possa dar o exemplo,
Lembrando-me dos meus próprios erros,

Uma oração nascida na jornada

Das minhas limitações e fraquezas,
E que também necessito de perdão,
E contribua, como humano, a curar as feridas que nos habitam,
E a criar comunidades de homens e mulheres de verdade.
E é morrendo que se vive para a vida eterna.
E assim eu possa manifestar o meu compromisso com o crescimento dos outros
Que eu não ofusque o brilho de cada um,
Ao contrário, que eu saiba diminuir para que os outros cresçam,
Que eu morra em minha vaidade,
Que eu morra em meu individualismo,
Que eu morra na minha busca de poder e *status*,
Que morra o adulto rígido e míope e renasça a criança criativa e aberta ao futuro,
Que morra a *Persona* e apareça a *Anima*,
Que morra o Ego e se manifeste o *Self*.
A presença inefável do Sagrado,
Para que a Vida em sua plenitude possa acontecer.
Amém.

A Editora Senac Rio publica livros nas áreas de Beleza e Estética, Ciências Humanas, Comunicação e Artes, Desenvolvimento Social, Design e Arquitetura, Educação, Gastronomia e Enologia, Gestão e Negócios, Informática, Meio Ambiente, Moda, Saúde, Turismo e Hotelaria.

Visite o site www.rj.senac.br/editora, escolha os títulos de sua preferência e boa leitura.

Fique atento aos nossos próximos lançamentos!

À venda nas melhores livrarias do país.

Editora Senac Rio
Tel.: (21) 2018-9020 Ramal: 8516 (Comercial)
comercial.editora@rj.senac.br
Fale conosco: faleconosco@rj.senac.br

Este livro foi composto nas tipografias Study e Skia e impresso pela Imos Gráfica e Editora Ltda., em papel *offset* 90g/m², para a Editora Senac Rio, em agosto de 2022.